现代
军事作战
系列丛书

单兵

野外生存技巧 （第2版）

《深度军事》编委会◎编著

U0299222

清华大学出版社
北京

内 容 简 介

　　本书是《单兵野外生存技巧》的第 2 版，补充了第 1 版遗漏的一些重要知识，并重新梳□了第 1 版的文字内容，改正了错误，更新了信息。同时，还对部分质量较差的插图和不够美□的版式进行了优化。通过阅读本书，读者可以全面了解现代军队的野外生存技巧，以及在户□运动中灵活运用这些知识。

　　本书内容翔实、结构严谨，分析讲解透彻，图像精美丰富，适合广大军事爱好者阅读和收□，也可以作为青少年的科普读物。

图书在版编目 (CIP) 数据

单兵野外生存技巧 /《深度军事》编委会编著 . —2 版 . —北京：清华大学出版社，2022.8
（2025.1 重印）
（现代军事作战系列丛书）
ISBN 978-7-302-60397-9

Ⅰ . ①单… Ⅱ . ①深… Ⅲ . ①单兵—野外—生存 Ⅳ . ① E13

中国版本图书馆 CIP 数据核字（2022）第 056222 号

责任编辑：李玉萍
封面设计：王晓武
责任校对：张彦彬
责任印制：刘　菲

出版发行：清华大学出版社
　　　　　网　　　址：https://www.tup.com.cn，https://www.wqxuetang.com
　　　　　地　　　址：北京清华大学学研大厦 A 座　　　邮　　　编：100084
　　　　　社 总 机：010-83470000　　　　　　　　　邮　　　购：010-62786544
　　　　　投稿与读者服务：010-62776969，c-service@tup.tsinghua.edu.cn
　　　　　质 量 反 馈：010-62772015，zhiliang@tup.tsinghua.edu.cn
印 装 者：北京联兴盛业印刷股份有限公司
经　　销：全国新华书店
开　　本：146mm×210mm　　印　　张：10.875　　字　　数：348 千字
版　　次：2018 年 7 月第 1 版　　2022 年 8 月第 2 版　　印　　次：2025 年 1 月第 5 次印刷
定　　价：59.80 元

产品编号：094078-01

前 言

　　人类在数百万年的发展历史中，有着长期与大自然打交道的经历，对大自然的敬畏几乎埋藏在每个人的基因里。在所有的文明印记中，几乎都记载着被神明眷顾的某人在野外得到了某种程度的庇护而幸免于难，然后返回人类社会成就一番伟业的故事。或许这就是近年来野外求生类电视节目无比火爆的原因，无论是国外媒体推出的《荒野求生》《单挑荒野》和《野外求生夫妻档》，还是我国媒体推出的《越野千里》，都吸引了大量忠实的观众。

　　《荒野求生》是美国"探索"频道制作的一档写实类电视节目，由英国冒险家贝尔·格里尔斯主持，每集他都会走到沙漠、沼泽、森林或峡谷等危险的野外，在极为恶劣的环境下，为脱离险境，设法寻找回到文明社会的路径。凭借丰富的野外求生经验，贝尔·格里尔斯被广大观众戏称为"食物链顶端的男人"。相比之下，其他野外求生类电视节目虽然在细节上存在差异，但主题略同。事实上，贝尔格里尔斯和《单挑荒野》男主角埃德·斯塔福德都曾是英军特种部队成员，而《野外求生夫妻档》男主角麦可·霍克则是美军特种部队成员。他们在电视节目中所展现的野外环境和生存技巧，多少存在作秀的成分，而真正的军人在训练或实战中面对的生存环境相对要恶劣得多，凶险程度同电影中的情节更是不可同日而语。他们不仅要想办法战胜变幻莫测的大自然，还要时刻防范敌人的搜捕和追击。一旦求生行动失败，等待他们的很可能是死亡。

　　2018 年，清华大学出版社推出了"现代军事作战宝典"系列丛书，其中《单兵野外生存技巧》一书是介绍现代军队单兵野外生存的科普图书，书中不仅详细讲述了海外各国军队野外生存训练的历史、特点和价值，还深入讲解了搭建避难场所、制作求生工具、寻找水源、野外取火、摄取盐分、获取食物、观测天气、识别方向、安全行进和寻求救援等专业性较强的野外求生知识。

由于制作精良，该书在市场上反响较好，但受限于编者水平和资料来源等因素，书中难免存在不足之处。在近几年的销售过程中，我们也收到了一些读者提出的宝贵意见。此外，由于军事装备更新换代较快，书中的部分内容现在已经不合时宜，亟须修改或替换。为此，我们决定在第 1 版的基础上推出内容更新、更全的第 2 版。

本书紧扣军事专业知识，不仅可以引导读者了解现代军队野外生存训练的现状，而且可以使读者学习各种实用的野外求生技巧，特别适合作为广大军事爱好者的参考资料和青少年朋友的入门读物。全书共分为 8 章，涉及内容全面合理，并配有丰富而精美的图片。

本书是真正面向军事爱好者的基础图书。全书由资深军事团队编写，力求内容的全面性、趣味性和观赏性。

本书由《深度军事》编委会编著，参与本书编写的人员有阳晓瑜、陈利华、高丽秋、龚川、何海涛、贺强、胡姝婷、黄启华、黎安芝、黎琪、黎绍文、卢刚、罗于华等。对于广大军事爱好者以及有意了解国防军事知识的青少年而言，本书不失为颇具价值的科普读物。希望读者能够通过阅读本书循序渐进地提高自己的军事素养。

目 录

第7章　野外行进和寻求救援 283

第8章　敌区活动和野外交火 315

第1章

野外生存概述

　　野外生存，就是在无人住宿的山野丛林中求生。深入敌后的特种部队、侦察兵和空降兵、海军陆战队以及在战斗中与部队失去联系的战士和失事的空勤人员，在孤立无援的敌后或生疏的荒野丛林和孤岛上，并且在通信断绝的情况下，更需要野外生存的本领。

1.1 野外生存训练的历史

20 世纪初，飞机的诞生大大改变了战争的形态，让战争升级为海陆空立体模式。在第一次世界大战（以下简称"一战"）中，英、德两国的飞行员大多是贵族出身，而欧洲贵族自古推崇骑士精神，所以他们往往不会射杀跳伞的敌军飞行员。因为战机被毁后，飞行员就相当于失去了武器和抵抗能力，属于退出战斗的非武装人员，他们和伞兵有着本质的区别。"一战"中，德国王牌飞行员曼弗雷德·冯·里希特霍芬击落过 80 架协约国飞机，但从未射杀过跳伞的飞行员。后来他被英国地面士兵射中心脏坠机，英国人还为这个敌人举行了隆重的葬礼。

到了第二次世界大战（以下简称"二战"）时期，最初德国空军仍禁止攻击跳伞逃生的敌方飞行员；而美军方面，德怀特·艾森豪威尔也曾签署命令：不得刻意攻击跳伞的敌方飞行员。随着战争进程的不断推进，战斗越发惨烈，这种约定俗成的规定逐渐被打破。日本从一开始就认为跳伞和投降属于类似的行为，跳伞的飞行员根本不值得被尊重和保护。在太平洋战场上，日军甚至还把射杀跳伞的飞行员作为一个射击科目来训练，并在战斗中射杀了大量美军飞行员。对此，美军也展开了报复行动。美军第 8 航空队司令吉米·杜立特就支持并鼓励下属们——即使日军的飞机已经被击落，也不要放过那些在降落伞下或是落地后的家伙。

🔊 小知识

1977 年，"不攻击跳伞后的飞行员"这项被多数国家默认的规则被正式列入《日内瓦公约》，公约不禁止向空降兵或者其他执行军事任务的跳伞武装人员开火，而那些从被击毁的飞机上跳伞的飞行员则受《日内瓦公约》保护，不得遭到空中和地面火力的有意攻击。

"二战"中，美国陆军航空队（美国空军的前身）的飞行员在被击落或被迫随机着陆后被俘或死亡的概率很高，使美军深刻认识到野外生存的重要性。1948年，美国空军战略司令卡蒂斯·鲁梅依主持会议，首次讨论野外生存训练大纲问题，并先后建立了陆上、极地、热带、水上、丛林地区5所生存训练学校。其中陆上生存训练学校为基础教育学校，其余4所为实战训练学校。其目的就是训练和指导飞行员如何在各种危险状况或环境下生存，以及在被俘后如何逃脱。

冷战时期，随着军事科技的发展，战场作战环境更为复杂，航空兵部队作战任务更加繁重和艰巨，飞行员面临的威胁更大。无论平时还是战时，遇险飞行员极有可能落入海洋、寒带、沙漠、高原和热带丛林等恶劣环境中，若无必要的生存知识和技能，生命必将受到威胁。因此，英国、苏联、联邦德国和日本等国也都相继建立了野外生存学校。这些学校的训练内容大同小异，主要包括跳伞、弹射救生、个人救生装备、各种情况下的生存方法、自救互救知识、心理训练等。在基础理论学习结束后，学校往往会把学员空投到有代表性的旷野，进行带战术背景的野外生存训练，以提高其野外生存能力。

与此同时，参加野外生存训练的学员也不再局限于飞行员，侦察兵、特种部队人员、海军陆战队员等兵种也会参加训练。特种部队通常在与主力隔绝的敌占区进行小组或单兵活动，行动的特殊性决定了特种部队所涉足的空间和环境也变得更加多元化，也决定了获得给养的可能性大大降低，这就要求特种兵必须能应付各种人为或自然造成的意外状况。为了生存，为了安全，为了在任意地点完成各种异常艰巨的任务，特种兵必须掌握能在任何环境下生存的各种技能。

事实证明，野外生存训练的作用非常大。在英阿马岛战争中，英国海军陆战队战前每年均到挪威北部海岸进行3个月严寒条件下的适应性训练，使部队无论是在生理上，还是在寒带的作战心理上，都积累了丰富的经验，有着很强的适应能力。因此，在1982年的马岛战争中，部队虽经万里输送，战区天寒地冻，但上岛后仍能冒着呼啸的寒风，负重50千克在泥泞的马岛上跋涉几十千米，以旺盛的斗志保证了行动的胜利。而阿军则相反，由于他们缺乏这方面的训练，尽管是在家门口作战，但大多数人还是难以适应恶劣的气候，加之其他因素的影响，战斗力大减，导致最终失败。

　　1995年6月2日，美军飞行员斯科特·奥格雷迪在波黑执行巡逻任务时，被塞族导弹击落。在孤立、缺水断粮的情况下，他成功在敌占区生存了6天，最终被成功营救。其中一个最重要的原因就是他曾在生存训练学校接受过严格的野外求生和逃生技能训练，具备了一定的生存技能。

　　时至今日，高新技术的不断发展和其在军事领域的广泛应用，使现代战争出现了许多与以往不同的新特点，也对现代条件下的航空作战和特种作战提出了更高的要求。因此，世界各军事强国仍然没有放松对特殊兵种的野外生存训练。

美军士兵学习野外烹调

美军士兵学习宰杀乌龟

美军士兵正在设置捕猎陷阱

1.2 野外生存训练的内容

由于各个国家所处的地理位置不同，军队担负的职责和实施的战略也不同，所以在野外生存训练的内容上也存在一定的差异。

以美军为例，其野外生存训练分为室内教学与野外实践两个阶段。室内教学的主要目的是让学员了解野外生存的知识，并消除恐惧心理。这一阶段主要讲授有关野外吃、住、自救等方面的知识，并放映关于山野丛林生活的电影、视频来介绍作战区域的地理环境以及各种可能遇到的动、植物。

野外实践的主要目的是让受训学员将室内所学的知识运用于实际。在食品断绝的情况下，训练学员利用简便的器材猎捕野兔、野猪、蛇等；使用肩章、领章、针、骨头做成鱼钩来钓鱼；采食野果、野菜以及"钻木取火"和利用竹筒做饭等应急条件下就地取食的技能。此外，受训学员还要学会就地取材搭设临时的帐篷和床铺，以及利用野生药用植物医治伤病等。

目前，美军野外生存训练课程共有 3 个级别：A 级、B 级和 C 级。最初，每名在美国空军服役的作战人员，至少必须通过 A 级训练。后来，时任美国空军参谋长迈克尔·莫斯利对空军的训练水平提出了更高的要求，他要求所有的空军人员必须通过 B 级训练。B 级训练课程的主要目标是训练如何躲避中等程度危险、避免成为敌军俘虏的能力。现在，B 级课程还引入了先进的计算机辅助训练技术。

由于日本是岛国，所以日本航空自卫队很重视训练飞行员在跳伞或迫降到海上后如何脱险和生存。内容包括：室内教学、地面训练和海上实习。地面训练项目有海上一般生存方法，救生衣和各种救生艇的使用，应急处置法，信号的使用，海上可食动、植物及防鲨鱼等危险鱼类的一般知识，耐水服的正确使用，创伤、晕船、溺水等急救处理方法。海上实习项目有学会穿戴救生衣、鞋、飞行服游泳，落水后因强风而被伞拖拉时的解脱方法等。

除美国和日本外，其他国家的野外生存训练也各有特点。总体来说，各国野外生存训练的主要内容可分为三个方面。一是基本军事技能的训练。这部分内容包括战术、射击、伪装、设伏、识图、体能训练等，使学员具备良好的单兵个体素质和强壮的体魄。二是全面的心理素质训练，良好的心理素质能使学员在遇险时做到临危不乱，坚定求生意志和信念，克服孤独、恐惧、饥饿、疲劳、伤痛等一切困难。良好的心理素质能够增强战胜恶劣环境的勇气，乃至克服对死亡的恐惧，使学员能创造性地运用所学到的各种技能灵活有效地处置所遇险情，化险为夷。三是野外生存技能的训练。这部分内容包括自救、互救、定向、求救联络、建隐蔽所、寻找水源、采集野生植物、狩猎、自力脱险、规避风险、隐蔽与反隐蔽等生存技能的训练。

为了培养和提高特殊兵种濒临绝境的生存能力和自救能力，各大军事强国都在加强训练基地的建设工作。在训练基地内，针对未来高技术条件下局部战争的特点，科学设计、建构和设置训练设施，根据战场环境，充分运用高科技成果，将声、光、电、烟和火融入基地建设之中。逼真模拟复杂、残酷的战场环境，使基地建设达到野战化水平，提高训练人员的心理适应能力。同时，运用先进的信息采取、数据传输和综合处理手段对训练实施指导、监控和评估，使野外生存训练基地科学化、系统化，发挥基地训练的最大综合资源效能。

美国陆军士兵学习钻木取火

美国陆军士兵学习从植物中获取水分

美军士兵展示其捕获的毒蛇

1.3 │ 影响野外生存的主要因素

对于在野外生存的士兵来说，威胁生存的因素是非常复杂的，但归纳起来主要有两个方面：一是主观因素；二是客观因素。因此，士兵能否掌握足够的野外生存知识，具备野外条件下很强的生存能力，战胜来自大自然的侵袭和来自敌方的种种威胁，将是能否完成任务、保存自己的关键。生存是完成任务的基础，完成任务需要具备在各种恶劣条件下生存的能力。从某种意义上说，生存能力就是完成任务的能力，就是战斗力，它的强弱是决定作战行动成败的关键因素。

主观因素是指求生者的基本素质，如身体素质、训练素质、知识结构、心理素质等，尤其需要强调的是求生者的主观能动性。求生者是否具有强健体魄，是否训练有素，是否掌握丰富的知识，都对求生者的生存能力具有关键作用。一般来讲，求生者的身体越强健，掌握的知识越丰富，那么生存的机会就会越多。同时，心理素质也尤为重要，无论遇到什么困难，都要冷静地去对待，要有一种乐观的战斗精神，并使其感染其他队友，强化生存意识，树立必胜的信念，使小队形成强大的战斗力。

在现代战场上，求生者只有丰富的知识和强健的身体还不足以在任何地点完成各种异常艰巨的任务，关键还要看求生者是否具有主观能动性、辨识的能力和聪明的才智。求生者要充分发挥主动性，能灵活变通，迅速做出决定，保持冷静和镇定，很快适应环境，把不利因素变为有利因素，使自己独立生存。

客观因素是指来自敌人和大自然的威胁。来自敌人的威胁主要表现在以下几个方面：各种侦察卫星的侦察和监测；侦听设备的布控；夜视器材的运用，传感器的跟踪侦察与搜索；敌人在重点目标附近布雷；敌人在我必经之路上布洒毒剂、设置障碍或进行火力封锁。这些因素直接威胁求生者的生命安全，如果生命安全得不到保障，完成作战任务也就无从谈起。因此，影响士兵野外生存最直接、最根本的因素是来自敌人的威胁。

《孙子兵法·地形篇》说："知彼知己，胜乃不殆；知天知地，胜乃可全。"这里强调了自然气候、地理条件对战争的影响。在战争史上，由不适应自然环境所造成大量减员乃至战争失败的例子很多，如三国时期的赤壁之战、"二战"时期的苏德战争。对于独立作战、无后方供应保障的求生者来说，能够掌握在各种环境中生存的技能，就更显得尤为重要了。因此，飞行员、侦察兵、特种兵和海军陆战队等特殊兵种，平时要全面掌握各种地形的不同特点，研究各种地形对生存的有利因素和不利因素，并有针对性地进行生存技能训练。

　　总而言之，只有充分了解威胁野外生存的主、客观因素，并掌握这些因素对生存的影响，才能为提高生存能力提供有力的保证。

美军士兵学习徒手捕蛇

美军士兵在训练中生饮蛇血

第2章

避身场所和求生工具

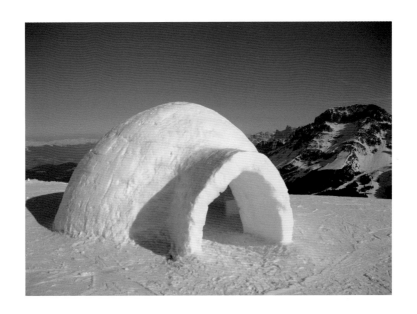

对于在野外生存的士兵而言，避身场所是非常关键的要素。在某些极端环境下，寻找避身场所甚至比寻找食物和水源更为重要。避身场所可以保护野外求生者，使其免受阳光暴晒和风吹雨淋，免遭昆虫侵扰和野兽袭击，还可以躲开敌人的搜查。更重要的是，避身场所可以给野外求生者安全感，帮助其坚定求生意志。除了搭建避身场所外，各种求生工具的制作也是野外生存的必备技能。

2.1 | 搭建避身场所

2.1.1 | 搭建避身场所的要点

当士兵在训练或战争中与大部队失散，不得不在野外单独行动时，往往会遇到许多难以预料的困难，如在浓雾中迷失方向，在黑夜中不能继续前进，在受伤后无法行动等，这时就需要在合适的避身场所稍事休息，直到恢复体力并能完全地评估周围的环境。充足的睡眠和休息是人类的基本生理需要，而舒适安全的避身场所是满足这一需要的前提。

避身场所的主要功能包括防晒、遮风、避雨、保暖、防止野兽袭击和敌人搜查等。在某些地区，寻找避身场所可能比寻找食物更重要，甚至比寻找水源还重要。例如，长时间暴露于严寒天气下可能会导致极度疲劳和虚弱，而极度虚弱的人可能会产生消极情绪，对前景悲观。而一个合适的避身场所可以有效避免悲观情绪的产生，所以这时避身场所的重要性超过其他需求。

避身场所的类型取决于当地的自然环境、获取原材料的难易程度等，如果避身场所仅作为一个临时性的保护地点来使用，那么只需要在建构一个更好和更持久的避身场所之前，临时拼凑一个避身的地方即可。对于那些准备长途跋涉、寻求出路的士兵来说，在中途休息的任何地点，都可以搭建临时的避身帐篷。如果避身帐篷足够轻便，并且有迹象表明此后的路途中可能会没有适宜的建筑材料时，甚至可以将帐篷随身携带。如果你自身有伤或者同伴中有病人，就需要修建一个长期的避身场所，作为让伤患者恢复健康的休养场所。当不幸遇到持续的恶劣天气时，也需要在一个长期的居所里等待天气好转。

岩石下的空间经过简单改造便可成为避身场所

在雪地中搭建的简易避身场所

坚固隐蔽的长期避身场所

　　当野外生存者身处一个陌生的环境时，至少应在日落前2小时开始寻找避身场所。理想的地点应该是可以防风遮雨，不会被山洪淹没的地势较高的地点，并且保证没有落石或者雪崩的威胁。总体来说，在选择避身场所时要注意考虑气温、降水、风力、风向以及野生动物和敌人的威胁等问题。

　　野外生存者在寒冷的环境下，需要抵挡冷空气；在炎热的环境下，又需要阴凉和空气流通的环境。其所处的地点如果又低又湿，便应该向上攀爬，寻找干燥的地方做避身场所。根据常识，热空气会向上升，而冷空气会向下降，所以冷空气常常聚集在谷底，而且在天气寒冷的时候，冷空气很容易形成湿雾和霜雪。在某些降水多的区域，沿着山坡有许多平台，那里通常都要潮湿一些，这是因为平台能够接纳、保存雨水。

正在收集草叶搭建避身场所的美军士兵

地面潮湿时将床架抬高

　　理想的避身场所还要满足靠近水源的条件，同时附近要有充足的林木可以利用。不过，帐篷的搭建地点过分接近水源的话，就极易受到蚊虫的骚扰（主要在夏季），而且水流的声音会干扰野外生存者的判断能力，使其不能及时察觉危险，或者让自己与救援的队伍失之交臂。如果是在河岸上，则应找出河流达到最大流量时的河水水位——在山里，一条潺潺的小溪在暴雨开始之后的几分钟内就可以变成一条湍流，并在 1 小时内水位上涨 5 米。如果是在附近的山脉地区有暴雨时，小溪极有可能在没有任何预兆的情况下变成滚滚洪水。因此，必须选择平坦并且没有太多石块的地点，使自己有足够的空间来发送求救信号，让自己更容易被救援者发现。

　　在寻找避身场所时，要注意查看自己头顶的周围有没有蜂巢，有没有容易在暴风雨或是强风中倒下的树木。另外，还要远离孤零零的高大乔木，它可能会成为雷电的目标。如果处在森林地带，便要尽量待在森林边缘，以便自己能看清楚周围正在发生的事件。在搭建避身场所时，还要注意避开野兽经常出没的路径，以免避身场所被野兽摧毁甚至人身安全受到威胁。如有可能，尽量将避身场所搭建在有人类留下痕迹的地方。

　　如果野外生存者处在可能发生冲突的环境中，那最大的威胁便来自敌人。此时，要充分考虑避身场所的隐蔽性，以免自己暴露在敌人的武器下。应该利用各种技巧来伪装避身场所，并事先规划一条隐蔽的逃生通道。如果有必要的话，避身场所要能够发送求救信号。

在岩石背风处搭建的简易避身场所

美军士兵在简易避身场所中休息

2.1.2 | 简易避身场所

大多数时候，作战士兵是在毫无准备的情况下流落荒野的，因此通常不会携带专门的野营装备。此时，求生者只能因地制宜，利用任何能在当地获得的遮蔽物，或者隐蔽性强的地点（如崖壁上的凸出物、山谷的斜坡等），作为临时的避身场所。

森林地区的简易避身场所

利用树干

在森林地区，求生者可以利用拦腰弯折但仍与树桩相连的树干，将其作为抵挡山风的遮蔽物。不过，要确保树干与树桩的连接足够牢固，以免在树枝被大风吹落时砸到头部。为了增强防风效果，还可以将一些细枝绑到大树枝上。此时，针叶树要比阔叶树更加有效，因为你只需动用较少的编织工艺，就会获得理想的防风遮雨效果。如果没有遇到天然弯折的树干，可将折断的大树枝绑在树木的树干分杈处，也能形成类似的避身场所。

如果求生者能找到一根较粗的圆木或者倒地的树干，它的方向恰好与风向垂直，那么也可以利用它来防风。具体做法是在圆木或树干的背风处挖出一个足以藏身的凹坑，这样便能达到防风的目的。如果需要遮阳或避雨，可在凹坑顶部堆积一些带叶的树枝。

藏身在断树下的士兵

利用树干搭建的半开放式避身场所

利用树根

在森林地区经常会遇到自然倒地的树木，可以利用其伸展的根冠以及附着在上面的泥土制成一道良好的遮风挡雨的屏障——如果它的角度恰好可以起到防风作用的话。在根冠的空隙处，你可以进行编织或填补加工，这会使防护效果更加突出，并为进一步使用其他材料搭建更精致、牢固的避身场所提供了基础。

树木发达的根系为建造避身场所提供了很好的基础

利用天然凹坑

即使只有一个浅坑，也会有一定的挡风作用，在进一步搭建避身场所时，它也可以使求生者省下许多力气。不过，求生者必须采取措施，以达到让附近水流改道的目的。如果凹坑位于斜坡上，就更有必要防范积水。否则，一旦下起大雨，凹坑就会变成一个小水池。

为了达到防雨保暖的目的，还要在坑顶上附加一个遮蔽的顶盖。步骤如下：先在凹坑的四周横向搭建一排结实的树枝，然后在它们上面的正中部纵向放置一根圆木，再将枝条、小棍的一端搭在圆木上。需要注意的是，树枝或小棍之间必须紧密相接，从而使雨水能够顺着它们流下来。当然，还可以利用泥巴、细枝和树叶来加强防雨效果。

　　如果避身场所的高度足够，那么求生者在里面不仅能躺下，还能坐着，无疑会舒适许多。所以，可以在凹坑四周垒起一道石头堆砌的矮墙，它可以增加避身场所的高度。具体做法是把泥炭土、树叶混合着泥土填充在石头的缝隙中间，尤其是在避身场所最低的一面。

利用凹坑和小树枝搭建的避身场所

利用小树

　　如果求生者能找到两排大小合适的小树，便能利用它们搭建一个帐篷。首先，将两排小树中间的障碍物都清理干净；然后，将位置对应的小树的上部绑在一起，做成帐篷的顶部支架；最后，在顶部盖上一块篷布，并且用石块或者圆木压住篷布的底边。当然，也可以将容易弯曲的枝条插在地上，利用它们代替小树来制作一个类似的帐篷。如果没有篷布，可以挑选那些位置较近的小树，或者将小树排布紧密一些，用枝条将它们编织在一起，并用泥炭土或蕨类植物加固加密。

◀)) 小知识

　　泥炭土是在某些河湖沉积低平原及山间谷地中，由于长期积水，水生植被茂密，在缺氧情况下，大量分解不充分的植物残体积累并形成泥炭层的土壤。

利用小树搭建的半成形的避身场所

利用小树搭建的避身场所

利用篷布

如果求生者能找到降落伞、防水雨披、地膜、塑料布或者帆布，便可以快速并且很容易地搭建出多种不同外形的帐篷，如锥形帐篷、降落伞形帐篷、半开放式帐篷等。

锥形帐篷最简单的搭建方法：把 3 根或者更多的木棒的一端交叉，并且把它们绑在一起，作为锥形帐篷的顶点。把木棒的另一端斜插入地面中固定住，然后用篷布（也可用兽皮、白桦树皮代替）遮盖起所有的木棒，这样就大功告成了。需要注意的是，要在锥形帐篷的顶部留一点空隙用来通风。如果增大木棒之间的夹角，帐篷内的面积也会相应增加，但是这样一来帐篷的排水效果会减弱。另外，在下雨的天气里，或是除去帐篷顶上的积水时，一定不要用湿手触及帆布的内表面。

搭建降落伞形帐篷的方法：把降落伞的中央部分悬吊起来，再把伞缘固定到地面上。当然，降落伞的材料可以用来直接覆盖到圆锥形支架上。不过，将降落伞的顶部悬吊在树下，同时把伞缘固定到地面上的做法更加简单。求生者可以适当加大降落伞的倾斜程度，即使它的防水性不是很好，也可以让雨水顺利滑落。

求生者计划搭建的帐篷如果不是可以抵抗暴风雨的长久居留场所，而且手头上也没有坚固的东西可以利用，那么也可以搭建一个半开放式帐篷。具体做法是：在树与树之间或者树与立柱之间搭上一根横木。先判断出风向的垂直方向，然后在这个平面上，使横木与地面之间呈 45°角，搭成一个简易的框架。在框架上用木棍加固，形成一面边墙，然后在上面铺上篷布。你可以在边墙的背风处生火，在火堆的另一个方向上，利用一块木板或者活动木墙使热量反射到帐篷里，这样你就能够获得足够的热量。

活动木墙的制作方法很简单，用两根粗木棒夹住一排横木，并将它们的顶端绑紧，再把它们竖立在地面上，并设法填补好横木间的缝隙，这样就形成了一面能够反射热量的挡风墙，并且可以将它作为避身棚出口的防护门。如果求生者所处的地方没有较大的岩石，还可以用活动木墙来筑坝引水。

半成形的锥形帐篷

在森林地区搭建的降落伞形帐篷

使用篷布搭建的半开放式帐篷

在雪地中搭建的半开放式帐篷

带有活动木墙的半开放式帐篷

热带地区的简易避身场所

求生者如果流落到热带雨林之中，由于雨林的地面经常很潮湿，而且地面上很可能会有各种昆虫、血吸虫或者其他令人厌恶的爬虫，它们会不停地往人身上爬，所以这时最好动手搭建一张高出地面的床，而不是直接在地面上铺设床铺。相应地，避身场所也要搭建在高处。除非求生者处在海拔太高的地区，那里的夜晚也许会比较寒冷，否则保持干燥清爽比防风更为重要。

在热带地区，大篷棕榈、香蕉的树叶或者其他树木的大型叶片，它们都可以用来遮盖棚顶或者制作墙壁，而且效果也不错。尽管棕榈叶的前端有倒刺，增加了利用它搭建棚屋时的操作难度，但是它的作用仍然很大。类似结构的植物的复叶越大越理想，单叶片的宽度也是越大越好用。在使用棕榈叶时，要先在复叶的尖端沿着叶脉切开一个小口，由此把叶片撕成两片。需要注意的是，不能从叶片的后部切口，否则很有可能无法顺利地撕到叶子的前端，只能得到一个破碎的枝叶。将这样的半片叶子层层交叠排列，并且固定在支架上，就制成了遮蔽物。在使用棕榈叶制作棚顶时，可以把它们叠得更密实一些；用来制作墙壁时，可以把它们叠得相对稀疏一些。如果懂得编织技巧，还可以将复叶编织起来，这样更适合作为墙壁。

除了棕榈叶，竹子也是热带地区常见的建筑材料。它有着广泛的用途，可作为支撑柱、地板、房顶和墙壁等。竹子通常生长在平原或者山坡上的潮湿地带。选择一根竹子，将它沿着竖直方向劈成两半，打通其中的竹节，然后把它安置在顶棚上，在下雨天就可以利用它收集雨水，同时也可以用它来做导水槽。劈开的竹节之间也可以相互连接，能形成很有效的防水屋瓦。还可以将竹片劈成一个个长条，并且把它展平，用来制作平坦的墙壁、地板以及物品架等。在竹节的节点部位，竹子所形成的像纸一样的薄鞘，也是很好的建筑材料。

◀》 小知识

砍伐竹子时要小心。作为丛生植物，许多竹子常常互相纠缠在一起，由于弯曲而且绷紧的竹干会产生相当大的张力，如果贸然砍伐，可能会引起竹干的爆裂，暴露出锋利尖锐的断面。在竹子的断面上，有着与剃须刀一样锋利的刃口，它会导致严重的割伤。在竹竿底部的外苞叶上，分布有刺人的绒毛，会严重刺伤皮肤。

利用大型叶片搭建的避身场所

使用竹子和香蕉树叶搭建的避身场所

使用树枝和树叶搭建的高出地面的床

极地地区的简易避身场所

利用雪沟

在极地地区，求生者可以利用雪沟因地制宜地搭建避身棚，这比在平地上重新用雪块垒建避身棚要快得多。不过它只能供一个人在短期内使用，例如，在行进的途中，或者是在准备建造一个更大的避身棚的时候。

在雪沟上搭建避身棚之前，首先要在雪地上标出睡袋的尺寸（包含头部的位置），然后将雪沟中相应于整个睡袋大小的雪块都清除出去，沿着标线向下挖出一条约 60 厘米深的沟。在雪沟边界的上缘，切割出 15 厘米 ×15 厘米大小的雪块，使用相互依靠的雪块堆积成棚顶。紧接着，再用雪块把迎着风向的沟口填实。在背着风向的沟口，可以安置一个能自由移动的雪块，以方便自己的进出。如果不这样做的话，也可以将出口封住，再在雪下挖出一条通道，把它作为出入口。需要注意的是，要将所有的缝隙都用雪填实，个人装备以及其他物品都放在睡袋的下面，这样身体就不会直接与雪地接触。

最有效的建棚地点是在缓坡上，这样的话，冷空气会在棚口处聚集，但不会进入避身棚里，睡觉的地方就会更暖和。

美军士兵在雪沟上搭建简易避身场所

利用雪洞

一般来说，要先在雪地上挖开一个小孔，然后把里面扩展成一个舒适的避身场所。根据热空气上升、冷空气下沉的道理，可以把雪洞内部的空间分为三层：最高的一层用来生火，中间的一层用来睡觉和放置用具，最低的一层空出来，仅用来容纳冷空气。另外，在棚顶上面要开个口，让篝火产生的烟雾能够散出去，这样可以保证通风。

为了增强防风效果，可将能够移动的雪块放在洞口。为了防止雪块和洞口冻合起来，雪块与洞口不必吻合得太好。雪块的位置也应该尽量与洞内接近，这样即便冻合了，求生者在里面也易于分离雪块和洞口。

雪洞的内表面可以修整得光滑一些，这样即便洞内有冷凝水形成，也会顺着内壁滑下，而不会直接滴落下来，弄湿个人装备。另外，要在雪洞内沿着地面四周开凿一条水沟，以便及时排出洞内的积水。

挖掘雪洞作为避身场所

利用圆顶雪屋

在人类建造的各式雪屋中，阿拉斯加州原住民赖以生存的"依格鲁"雪屋是最为著名的一种。这种雪屋用各种规格的雪砖垒砌而成，建造雪屋的第一步是选择一块开阔、向阳的平地，再确定一个具体的地基，然后用锐利的刀具将坚实的雪块切割成各种规格的雪砖，再将雪砖一圈圈向上垒砌。每叠加一圈就向内收缩一点，圆圈越来越小，最后形成一个封闭的半球形圆顶。紧接着，要在雪屋南面开一个小窗，小窗上方要伸出一块板形的雪块，可掩挡雪花拍打窗户，也可折射阳光将屋内照亮。最后，在靠近地面的地方凿出一道较小的进出口，保证能让一个人爬进去即可。进出口还必须选在背风的位置，并设置明显的标记。此外，还可将出入口的通道挖成弯曲的形状，或者是在通道中建造一面挡风墙，使进入通道的风更少。

雪屋的内壁要清除干净，打磨光滑，去掉任何的凸起，防止凝结的水滴直接滴落到地面上。雪屋内用来休息和睡眠的地方要高出地平面，为了获得这个效果，求生者可以垫高睡觉的地方，也可以挖低周围的地面。进入雪屋之前，求生者应该掸去鞋帽及衣物上的雪花，别把它们带进雪屋。雪屋内最好储备足够的木材或液体燃料，以备天气不好时使用。另外，还应在雪屋里备好铁锹或其他工具，以便在必要时进行自救。

无论外界的温度有多低，雪屋的室温不能低于 -10℃。点燃浸泡在一碗油脂里的灯芯，这是爱斯基摩人的传统取暖方法。在空间较大的雪屋里面，可以使用木材点火。没有木材的时候，也可以用其他的燃料替代。

建在向阳平地上的圆顶雪屋

利用伞状雪屋

如果求生者乘坐的船只在北极的冰海中搁浅，冰岸上又没有足够的雪块可制成雪砖，无法建造"依格鲁"雪屋，此时搭建伞状雪屋是最好的选择。所需的建筑材料仍旧是雪砖，另外还有大小适当的冰块，它们多是在大块冰相互挤压时在其边缘形成的。

建屋前，在冰面上先画个圆圈，在圆圈的边缘处垒起 1 米高的围墙，围墙上要留下一个缺口以供出入——因为在冰上无法像在雪地那样从地面上挖洞。在圆心处，可以用雪砖、冰块立起一根直柱，柱子要比四周的围墙高出 1 ～ 1.5 米。然后，将降落伞或者是雨披盖在柱子与墙上，上面再用一层冰块压紧固定。降落伞的牵引绳要系在离中心位置较远的冰块上，或者在冰上打孔，将绳子穿过孔隙后，系成一个牢固的铆定点。

需要注意的是，这类伞形雪屋的屋顶上很容易积雪，所以应该经常清除，否则积雪的重量会破坏避身雪屋的结构。如果要在雪屋内生火，首先要保证通风良好。生火的地点应靠近雪屋的外侧，而不是靠近柱子的中央部位，这样才可以确保雪屋的安全。

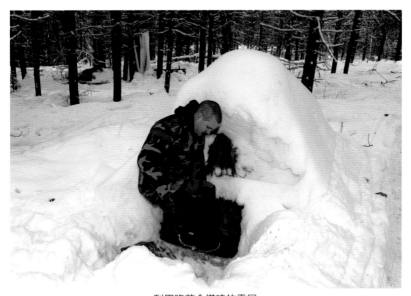

利用降落伞搭建的雪屋

2.1.3 | 长期避身场所

由于路途遥远、气候恶劣、缺乏装备或者身体状况不佳等因素，或者由于继续前进过于危险等原因，求生者决定放弃继续探寻出路时，便应该搭建一个长期避身场所。它能让其在较长的时间内居留。长期避身场所要选在方便获得救援的地点，要能应付季节性的气候变化以及昼夜的温差变化。在长期避身场所里，求生者应该尽可能地发送信号，引来救援人员，并且要重新装备自己，以便有朝一日能靠自己的力量走出困境。

天然山洞

山洞是现成的长期避身场所。即便是很窄很浅的洞穴，也能成为很好的避身场所，大的山洞可以改造成舒适可靠的小家。在地球上，有许多人如今还生活在山洞里。有的山洞甚至具有现代居家所需的所有功能。位于山谷较高处的山洞往往比较干燥，即使山洞上面有水流过，并能渗入洞内也一样。洞内的气候受外界影响较小，求生者需要做的改建工作并不多，通常只需要利用岩石、泥土、树枝或者圆木等各种材料修建一个出入口的屏障。如果洞口迎着风，就需要构建双层的挡风屏障，两道屏障相互间有重叠，同时还可作为出入口使用。

山洞内也许很凉，也许早先居住着野兽，所以接近这样的山洞时要格外小心。找到山洞后，先将大量的枯干枝条堆在洞口前面，生起篝火，这样就可以把野兽吓跑。千万记住要留给它们一条逃跑的路径。

生火时，要选在距离洞口较远的地方，这样烟会升到洞顶，最后通过洞口与屏风中间预留的烟道散发出去，洞内的中下层就能保证无烟。但是如果是敞口的山洞，烟就不容易散去，而且会被风吹进山洞深处。如果把洞口封闭起来的话，一定要保证已经预先留下了让烟雾散去的缝隙。

有时候，在山洞内会有活的水源供人饮用，这在比较深的山洞中更为常见。这些水源既可能来自地下河，也可能由洞顶岩石上渗出的水分汇成。

小知识

检查包括洞里洞外的所有地方，看是否会有石块坠落的可能性。你可能已经对身处避身场所的境地彻底失望了，如果再被落石困在山洞中，岂不更糟？

天然形成的山洞

再浅的洞穴也能成为很好的避身场所

有水源的山洞

🔫 草编房屋

如果找不到天然山洞，也没有树木以及竹子一类的建筑材料时，求生者可以利用灯芯草、芦苇或者其他较硬的植物的茎干，把它们成捆地扎成柱状来使用。

第一步，尽量多准备一些较长、较细的芦苇，然后用丁香结将其扎成较粗较长的捆。在扎成捆之前，选出其中最长的芦苇，其末端要间隔开，这样聚拢成捆时，便不会显出薄弱处来。扎成捆的芦苇底部要整齐，顶部形成一个锥形。

第二步，沿着避身棚较长的一面，平行地将粗厚的芦苇束竖直放好。然后在地面上挖坑，把芦苇束的末端放进去，让它们竖立起来，再把较细的芦苇横放在上面。

第三步，向下弯曲芦苇束的顶端，使它们之间能够互相重叠掩盖对方，然后再捆扎起来，在平行的柱状芦苇束上，添加更多细长的芦苇束，把它们横担在上面，一直堆到拱形的顶部。

第四步，在这个框架上，用细一点的芦苇束交错编织，直到可以完好地庇护避身场所。同样可以将树叶或芦苇间隔地编织在上面。

锥形草编房屋

圆顶草编房屋

圆木小屋

首先，求生者要按照比例绘制小木屋的建筑图，这样就可以在此基础上随意扩大，或者增加额外的房间。求生者所能找到的圆木的大小决定了墙壁的长度，一般来说，矩形的屋顶比较坚实稳固，也最为方便，边长约2.5米的正方形是一个理想的尺寸。如果有幸能够使用已伐倒的树木，可以将它们捆绑起来，再将它们之间的空隙塞满。如果把它们互相对接，形成犄角的样子，这样效果会更好一些。需要注意的是，凸出的末梢不能除去，这是屋架支撑力量的所在。

建造小木屋时，要提前选出一块地势平坦的空地，或者整理出一块平坦的地面。如果有必要的话，可以在小山坡上挖坑，但是为了保证墙壁的安全性，木屋的地基必须平坦。

在正式建造小木屋时，首先必须按照房屋的形状，放置好第一层圆木。把圆木的顶端相互契合，并且连接起来，再把砍伐好的其他圆木整齐地嵌入顶部。由于圆木的两端粗细不均、略呈圆锥体，所以头尾之间要交错放置。

在底层的屋架确定之后，在房屋背风的一侧，要留出一定的空间来建造门户，可以利用砍伐剩下的圆木安放在门的两侧，这样就建成了门户。门洞一般留成方形，正好可以安放一个门框。如果不是气温很低的冬季，便不必特意制作门板，在门框上悬挂一条毛毯就可以挡风遮光，也可以用枝条编织成帘子来使用。另外，也不必再费力添加窗户，因为有一个门洞就已经足够通风。

房屋的前端要高于后端，使房顶形成一个坡度，位于前排的和后排的最后一根木料应当适当地伸出房椽，要比墙壁稍长，以便更好地支撑屋顶。在支撑在屋顶的木梁上要事先刻出凹痕，使其他木梁可以堆放得更契合一些。放置屋椽的顺序应该是从前向后，屋椽要伸到木屋的墙壁以外。在屋椽上刻出一些凹槽，使横木或者其他的木梁能堆放得更合适一些。

小木屋的屋顶，除了可以用一根完整的圆木做成以外，还可以利用轻便的材料和泥土填充框架，这样也可以制造一个屋顶。如果圆木上的树皮能像瓦片一样平展铺开，就可以用它来很好地覆盖屋顶。当屋顶上的泥层较软，而且湿润未干的时候，用柔软纤细的枝条能进一步加固。

如果没有积水危险，可以在屋内挖掘泥土，以提供填补屋顶空隙所需要的泥土，同时也会使屋内的高度增加。如果屋顶留有孔洞来排烟的话，就可以在小木屋内生火，但一定不要弃之不管，到一定的时候要把火扑灭，否则房屋可能被烧塌。如果能在周围找到较多的石头，就可以在屋内搭建炉灶和烟囱。炉灶可以建在房屋的中心，以便保持更高的温度。石块要尽量堆砌紧密，并用小石块或泥块将空隙填好。

建造中的圆木小屋

屋内建有炉灶的圆木小屋

在木屋中生火要隔开可燃物

使用圆木和泥土搭建的长期避身场所

👉 土坯房屋

在木料缺乏或者没有工具建造小木屋时，另一种可行的办法就是建造土坯房屋。首先将黏性较高的黄土用水泡散，再加入干草，拌匀以后装在用木板制成的模具里，然后用脚踩实或者用木板拍实，制成长约45厘米、宽约15厘米、高约10厘米的草土砖。最后在开阔的阳光充足的地方将其晾晒，干透即为成品。

草土砖成型后，将它们垒筑成墙壁，砖与砖之间要砌合得严密一些，侧面墙的顶端要有一定的倾斜度，从而使屋顶自然倾斜。屋顶要用圆木或者其他坚实的材料支撑，倾斜度越大，防雨效果就越好。圆木的长度决定了房屋框架的大小，在屋顶上面，可以用泥浆或者青草覆盖。如果草土砖的数量有限，土坯房屋可以建得低矮一些，只要有足够的空间能够坐下就可以，能站立的地方不必太大。

如果只需要建造一个较小的避身场所，可以采用类似"依格鲁"雪屋的形式。如果时间和材料都比较充裕齐全的话，可以用土坯建成一座高大的棚屋。有些样式的土坯房对门框和屋顶材料的要求更高，材料要相当结实。在室内，可以建起炉灶和烟囱，为了防止炉膛和烟囱自身起火，可以在炉灶和烟囱的内壁涂上一层黏土。屋子的敞开面或者门户要避开风向，如果是一间小土坯房，可以把火生在室外，在门户的对面设置一个反射装置，将热量反射到室内。

使用黄土和干草制作的草土砖

建造完成的土坯房屋

2.2 | 制作求生工具

2.2.1 | 应急工具

马克思主义认为，人和动物的最本质区别是人能够制造工具并能够使用生产工具以从事生产劳动。人类既没有动物的尖牙和利爪，也没有动物的力量和速度，所以在野外生存时不像动物那样如鱼得水。不过，人类可以通过制造和使用工具来弥补这一不足，提高自己在野外活动时的行动效率和生存概率。

☛ 手杖

手杖的功能在于能够增加步行时的支撑面，以减缓下肢或是身体骨骼结构所必须承担的负荷。使用手杖时，可以减少下肢所承受重量的20% ～ 25%。在登山时使用手杖，可以减轻腿部压力，节省体力，加快登山速度，更重要的是，可以保护膝关节，减轻其磨损程度。此外，因为有手杖的支撑，可以有效地维持身体平衡，使登山更安全。在穿越黑暗的荆棘丛和灌木林时，手杖还能对人的眼睛起到很好的保护和指引作用。如果使用的方法正确合理，特别是当你遇到狗或蛇的时候，手杖还能充当武器。

在野外制作应急手杖时，应选择质地坚硬的木料，同时要保证轻重合理、握持舒适，尤其是杖柄部位要打磨光滑，确保不会磨伤手心。最重要的是，要确定适合自己的手杖长度。对于手杖使用者来说，掌握正确的持杖高度，对保持正确的站立和行走姿势，合理运用手杖的支撑力就显得非常重要。手杖长度合适，使用起来就会得心应手；反之则事倍功半，甚至引起损伤。

确定手杖合适长度的方法有两种：一是身体直立，以肘关节屈曲30°，腕关节背屈约30°的状态握住手杖，使手杖底端位于脚尖前方和外侧方直角距离各15厘米处的位置；二是身体直立，手杖高度与大转子（股骨颈与身体连接处上外侧的方形隆起的地方）处于等高的位置。

手杖是野外行走时的好帮手

绳索

在日常生活中，绳索和细线都是常见的工具，用途极为广泛。而在野外生存时，绳索更是生命安全的保护神，大到固定建筑材料、布设捕猎陷阱，小到制作灯芯、晾晒食物，均需要用到绳索。具体来说，绳索在野外生存时的主要作用包括下述各点。

（1）行经危险路段时，可利用绳索牵引、辅助人员通过。需要注意的是在多人同时通过的情况下，不可将绳索固定在身体和背包上，以避免出现因一人跌落后牵动多人跌落的多米诺现象，应尽量采取单人牵引通过的方式。

（2）扎营休整时，可作为晾晒绳，也可依照环境的需要与地席、手杖等物配合绑搭凉篷。

（3）在制作简易担架时用于捆扎，还可根据需要与木棍等物结合，用于固定伤员的肢体。

（4）探测河流、沟渠深度和宽度（将绳索一头绑缚石块抛向对岸，依照石块的落水点判断宽度），并可利用绳索将人员和装备运送至对岸

（根据实际环境，在保证安全的前提下，也可采取绳索高、低固定的滑降方式）。

（5）用于制作照明及防兽火把。在特殊情况下，可将绳索紧密缠绕在干燥的树枝一端，然后浇上携带的燃油或者食用油点燃，可燃烧较长时间。

（6）用作夜间宿营报警拉绳。徒步露营后由于疲劳睡眠程度较深，可将绳索的两端分别捆绑在两个帐篷上，突发意外时可拉扯绳索惊醒对方。另外，也可根据营地环境在营区外围拉起绳索作为营区警戒绳（绳索上可绑缚铁锅、玻璃瓶等互相碰撞就发出清脆声响的物品）。

（7）在不方便背负背包的同时通过狭隘地段或者湿滑、陡坡地段，可用绳索辅助，采取人、包分离的方法分别通过。

（8）人员滑（跌）落沟壑后，可利用绳索实施救援（根据实际情况可用多条绳索并联或者串联的方式）。为更好地帮助人员攀爬，可将绳索每隔50厘米左右打一个绳结，长度一般控制在人体手臂长度以内，必要时也可用多根绳索编结软梯。

（9）在高温季节为防止食物的变质，可将食物密封后放（沉）入水底并用绳索分别系在食物袋和岸边树木或其他物体上，防止水流将食物冲走。

（10）在特殊气象条件下用于加固帐篷，可增强帐篷的抗风性、抗积雪重压的能力。

（11）用于制作狩猎和防身武器，如制作弓箭、钓鱼线、捕兽网、触发陷阱等均需要使用绳索。

除上述用途外，绳索还能在许多场合发挥意想不到的作用。因此，绳索的制作可谓野外生存时的重中之重。如果你找不到可以直接使用的现成绳索，便需要自己动手制作。在野外求生环境中，随处都可以找到人工或天然材料。制作绳索之前，首先要通过几项简单的测试来确定所选择的材料是否耐用。首先，沿着长度方向将其用力向上拉伸，以此确定材料的强度是否足够。其次，用你的手指将其折弯并在指间捻一捻。如果这个动作并没有使它折断或损坏，便可以使用它来制作绳索。

美军士兵借助绳索在山区行进

　　各种纤维含量大且柔软的材料都可用来制作绳索，如荨麻、亚麻、剑麻、龙舌兰、柳树皮、桑树皮、夹竹桃茎、棕榈树叶、椰子皮、蓑衣草、云杉根等。首先，要找到生长时间较长且茎干较长的植物，将其投放在水中浸泡 24 小时。然后，将浸泡好的植物铺在地面上，用光滑的石头进行捶打，使植物的茎部外表面呈撕裂状，里面就会显露出丰富的纤维。紧接着，要对纤维进行细心梳理，将肉质去除，再悬挂在通风处直至完全干燥。最后，将晾干的纤维搓成长线，然后按照梳辫的方法，将其编成结实的绳索。

　　除了各种植物外，动物的筋腱和外皮也是制作绳索的天然材料。使用筋腱制作绳索的方法为：将大型动物的筋腱从其体内取出来，彻底晾干。拍打干筋腱，使其分成纤维。弄湿纤维，将其绕成绳股，再将绳股编织在一起。由于湿润的筋腱具有黏性，干了以后会变得很结实，所以在用筋腱捆扎小物品的时候，不需要再打结。

使用生兽皮制作绳索的方法为：剥下中大型动物的皮，剔除皮上粘连的多余脂肪和肉，将兽皮进行干燥处理。如果兽皮的表面较为平整，没有容易吸收水分的褶皱，就不需要再铺开晾晒。皮上的毛同样也不需要去除。晾干兽皮之后，从兽皮的中间做一个环形切口，按照顺时针方向一直切到兽皮的边缘，切口宽约 6 毫米。将兽皮浸泡 2～4 小时，或者直到泡软为止。兽皮潮湿的时候尽量拉伸。干了之后的兽皮会更结实、更耐用。

纤维含量较大的剑麻

使用麻纤维制作的绳索

绳结的打法

在野外，无论你用的是专业绳索，还是草绳树根，关键步骤都是"打结"。掌握一定的结绳技巧，能在野外生存中事半功倍。绳结种类繁多，花样百出，看起来非常复杂，常常让新手望而却步。实际上，只需要掌握最常用的几种绳结，就足以应付大多数情况了。

（1）卷绳索

绳索最好卷起来系住，要用的时候解开，然后再卷起来系住。这样不仅可以防止绳索缠成死结，还能有效节省背包空间。

方法：①将手伸出来（任何一只手都可以），拇指和其他四指分开；②在手上缠绳子，直到只剩 20 厘米——这是绳尾；③将卷好的绳子从拇指和小指上取下来。

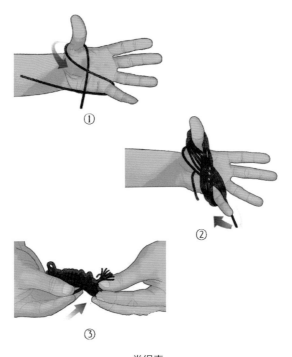

卷绳索

（2）称人结

称人结是一种古老且结构简单的结，可将绳子固定为一个绳圈，其优点是容易拆解，一般认为它是一种稳固的结，因此常用于称人、称物。称人结被誉为"绳结之王"，常用于各种户外运动，在各行各业或日常生活中也被频繁使用。称人结宜结宜解，配合保固安全性高，用途广泛，变化多端。

方法：①在绳索的中间打一个绳圈；②将绳头穿过绳圈的中间；③绕过主绳；④再次穿过绳圈；⑤将打结处拉紧。

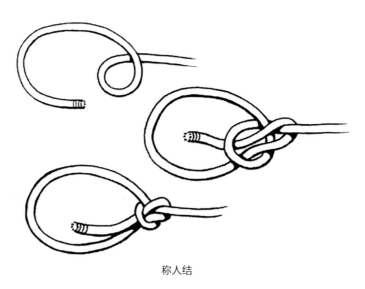

称人结

（3）八字结

广为人知的八字结一如其名，打好后的结会呈现"8"的形状，在意大利，人们把八字结称为"皇室结"，因为其结形正是意大利皇室家族徽章的模样。此外，八字结也象征着诚实的爱与永恒的友情，所以也有人把八字结称为"爱之结"。八字结的用途是防止绳索脱离某一装置、防滑。特征是即使两端拉得很紧，依然可以轻松解开。

方法：①将绳端先行交叉；②将一头的绳索绕过主绳；③将绳头穿过绳圈后拉紧完成。

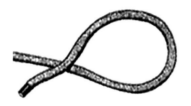

（4）接绳结

接绳结是一种古老的绳结，最常被应用在连接船缆上。接绳结主要用于连接两条粗细及材质不同的绳索。例如，帐篷或吊物的绳索需要加长时，接绳结就可以提供很大的帮助。

方法：①将一条绳索（粗绳）的末端对折，然后把另一条绳索（细绳）从对折绳圈的下方穿过；②把穿过的绳头绕过对折的绳索一圈；③打结；④握住两端绳头拉紧。

八字结

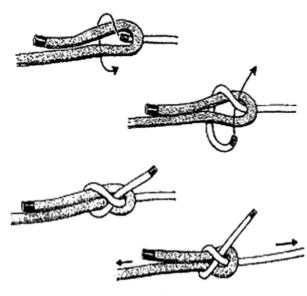

接绳结

（5）渔人结

渔人结主要用于将两条绳连接在一起，通常是硬和软的两条绳。渔民的钓线、网线常采用这种打结方法，因此被称为渔人结。因为它有自紧性，所以也被称为自紧结。此结很容易打，但很难拆开。应尽量避免用在一些质地好的绳上，因为绳子扯紧后，很难解开。

方法：①将两条绳子的前端交互并列，其中一条绳子像卷住另一条绳子般打一个单结；②另一边也同样打上一个结；③将两条绳端用力向两边拉紧。

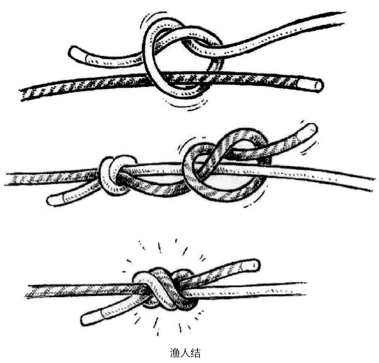

渔人结

（6）双套结

广泛地应用于将绳索绑系在物体上的双套结，简单且实用，也有人称其为香结、卷结。尤其在绳索两端受力均等时，双套结可以发挥很大的效果。如果绳索只有一端受力的话，那么只要在双套结完成后再打一个半扣结，效果一样不打折扣。此外，打成双套滑结的话，不费吹灰之力就能解开。

方法：①在绳索的中间打两个绳圈；②把右边的绳圈重叠在左边的绳圈上；③直接套在物体上。

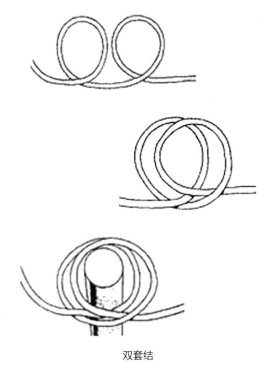

双套结

（7）拉绳结

这种打结的方法广泛应用于生存活动或户外活动，因为用这种方法可以调节绳索的松紧度，如帐篷上的调节绳，或者是系住潮水中的小船的缆绳。

方法：①将绳索的静止端系在一个固定的地方（如帐篷），将活动端绕树一圈；②挨着第一个半结再系一个半结，这样两个半结就并排绕在静止端上；③将活动端从静止端下方穿过，然后穿过新绕出的环扣（不要穿进第①、第②步绕出的环扣）；④拉动静止端和活动端，将绳结拉紧。

拉绳结

背包

对于野外求生者来说，背包可以携带很多东西，并解放双手，保持身体平衡，使行程更加安全舒适。与制作绳索相比，制作背包要容易得多，基本上所有的材料都能被利用起来，如植物纤维、布、木头、绳子、竹子、动物皮、帆布等。背包的制作方法也有很多，许多方法制作出的背包都十分精致，但在求生条件下，只能选择简单易行的方法。

马蹄包

马蹄包的制作方法非常简单，使用方法也很简单。它背起来比较舒适，很适合单肩背。具体制作方法如下：找一块正方形的材料，如毯子、雨衣或帆布都可以，将其在地上平铺开来；将要装的物品放在材料的一边；把衬垫夹在硬物品上，连同物品一起朝另一边卷起来，然后扎紧两头；用绳索绑好沿长度方向的其他部位；连接好一根绳索的两端，这样就可以把包背在肩上了。

方形包

与马蹄包一样，方形包也需要用到绳索。具体制作方法为：使用树枝、竹子或木棍做一个方形的框架，框架大小依具体情况而定，比如，所装东西的多少、人的体形和身高等。框架做好后，使用绳索在框架的各面编织挡网，仅留下一面作为束口。

衣服和保暖物

在某些气温较低或昼夜温差较大的地区，求生者还需要一些衣服和保暖物。许多材料可以用来制作衣物和保暖物，比如，各种植物、动物皮毛等天

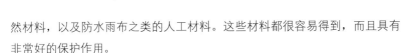

然材料，以及防水雨布之类的人工材料。这些材料都很容易得到，而且具有非常好的保护作用。

植物纤维

有些植物具有很好的御寒保暖效果，例如，常常生长在沼泽地、湖边、河流和池塘回流处的香蒲。香蒲茎秆的顶端长有绒毛，如果将其放在两种材料之间，会形成一种类似于羽毛的保暖层。必要时，香蒲的绒毛也是很好的引火物。乳草属植物的种子像花粉一样，也可以当作保暖材料。椰子外壳的纤维可以用来制作绳索，将其干燥处理后，不仅可以用来保暖，还可以作为火绒材料。

茎秆顶端长有绒毛的香蒲

动物皮

如果当地有很多类型不同的野生动物，求生者应尽量猎取那些脂肪多且皮厚的大型动物，将皮剥下后进行干燥处理，然后披在身上用于保暖。如果条件允许，尽量避免使用生病的或受到感染的动物皮。在野外环境下，跳蚤、扁虱和白虱之类的害虫会寄生在动物身上。所以，在使用动物皮之前，必须将其彻底清洗干净。如果水源不足或者没有水，至少要把皮彻底抖干净。如果使用的是生皮，则应去掉皮上所有的肉和脂肪，仅保留毛发，并进行彻底干燥处理。袜子、鞋和手套可以利用动物臀部和后腿部位的皮制作。

经过干燥处理后的兽皮

防水雨布

防水雨布在野外生存时的用处极大，因此必须谨慎利用，如非必要，尽量不要随意切割防水雨布。在利用防水雨布制作工具之前，求生者要仔细考虑，检查一遍自己所有的装备，并对雨布每一部分的用途做好规划。例如，要优先考虑避身场所的需求、制作背包的需求，在有富余的情况下，再考虑衣服和保暖需求。

防水雨布的首要用途为搭帐篷

2.2.2 | 防身和狩猎武器

弓箭

　　自古以来，弓箭便是军队与猎人使用的重要武器之一。弓箭的发明和改进使人们能够在较远的距离准确而有效地杀伤猎物，而且它携带、使用方便，可以预备许多箭，连续射击。如果说任何工具和武器都是人手的延长，那么弓箭堪称是火器诞生之前，人手最伟大的一次延长。在冷兵器时代，弓箭是最可怕的致命武器。时至今日，虽然现代军队已经不再使用弓箭，但它仍然是野外生存时的首选武器。弓箭易于制作且射程较远，不仅可以用来防身，还可以用来猎杀一些小型哺乳动物、鱼类和飞禽，保证野外求生者的食物来源。

求生者使用弓箭狩猎

在野外制作弓箭时，首先要选择一段没有泛灰和破裂的干死硬木，如橡木、柠檬树木、山核桃木、紫杉木、洋槐木、杜松木、桑树木和柚木等，木头长度在1米左右，不能有结、弯曲部分或者分枝。另外，也可以使用竹子或藤条。如非必要，不要使用生材。因为生材的力度不如干材。必须使用生材时，可以选择松木，容易切削和洗净。使用生材时，要将树皮剥掉浸在热水中，这样有助于木料弯曲。生材弯曲后，放到火堆飘出的烟雾中进行干燥，不要离火太近，以免木材燃烧。

无论是使用干材还是生材，都需要判断它的自然弯曲度，以免木材折断。理想的弓是中间牢固（所以要更厚），中间厚的木材握起来手感更好。使用刀子之类的工具，在木材较粗的部分削掉弧形内侧，直到宽度和拉力与较细部分一样。如果整根木材都差不多粗细，就要把两端削掉一部分。弓的中间部分要既牢固又厚，两端部分要既细又有弹性，而且两端的厚度与长度应大致相等。

木材处理好之后，要分别在两端切出两个长约2厘米的凹口，凹口呈半月形，在弧形外侧。凹口切好之后，便开始选择合适的弓弦。生皮鞭、细尼龙绳、麻绳、钓鱼线、棉线甚至葡萄藤，都可以作为弓弦的材料。在野外环境下，要找到力度适合的材料做弓弦，就得广泛尝试。弓弦不应该有弹性，因为力度来源于弓臂而不是弓弦。找到合适的弓弦材料后，将其一端绑在木材下方的凹口中，然后调整松紧度，再将另一端绑在木材上方的凹口中。

弓制作完成后，便开始制作箭支。用于制作箭支的木棍同样要选择干材，并且越直越好，其长度约为弓身的一半，或者只要长度够拉开弓就可以。如果木棍较弯，可以在火堆上略微加热后将其慢慢掰直。紧接着，要在木棍的末端刻一个小凹口，用于放置弓弦。至于箭头，如果找不到金属材料，只需将木棍的前端削尖即可。如果能找到金属、石头、玻璃或者骨头来做箭头，可在木棍前端刻个凹口，然后把箭头插进去，再用细绳将箭头和木棍捆紧。如果有条件，还可以找些羽毛来制作箭羽，它能让箭支的飞行轨迹更平稳。

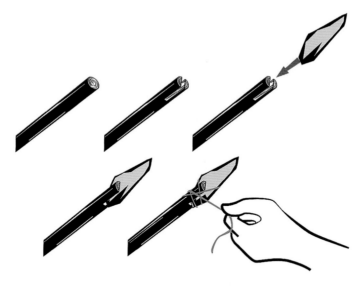

箭头安装示意图

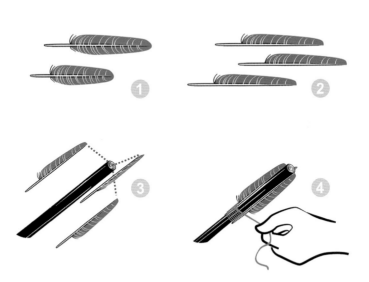

箭羽安装示意图

🔫 弹弓

除了弓箭，弹弓也是一种容易制作的远程武器。简便的弹弓加上普通的小卵石，就可以发挥出较大的威力。弹弓的制作方法很简单：一根弹性绳索，中部穿上一小块弹弓布，两端固定在弓架上即可。

弓架要选取强度高的叉状树枝削成木柄，最好同时有一定的柔韧性。皮革是制作弹弓布的首选材料，也可用坚韧的织物替代。弹性绳索既可以是以皮革为原料的条带，也可用粗纤维搓成绳，但后者必须保证具有良好的弹性和坚韧度。可以用一根弹性绳索将弹弓布穿在中央，也可用两根等长的弹性绳索牢固系在弹弓布的两端。

弹药可以选择直径约2厘米的卵石，外表尽可能光滑。因为粗糙卵石虽然有更强的杀伤力，但运行轨迹不是弧线，不好控制。弹弓的使用方法也同样很简单：在调整好弹弓绳的长度后，举起弹弓，拉紧弹弓绳，瞄准目标释放即可。卵石会以很高的速度沿弧线飞向前方。弹弓的威力和精准度虽然比不上弓箭，但比弓箭更易于携带，能在任何地方使用，是狩猎飞禽和爬行动物的绝佳武器。

简易弹弓

🔫 石斧

人类在发现金属、学会使用金属之前，使用的工具大多取材于石头——特别是燧石、黑曜岩、石英和特别明亮的岩石，以及骨头和其他天然材料。石头可以制成效果不错的锤子，可以单独使用，如果外形易于固定也可绑上一个手柄。对于色泽明亮的岩石，可以通过敲击或其他方式使其边缘更锋利，制成一把实用的石斧。石斧的主要功能是砍伐，这是野外生存的必备工具。

如有必要，石斧也可以作为防身和狩猎武器。

　　制作石斧时，首先要找到一块尺寸和厚度适中的石头，如果太小太薄，斧头会重量不足，无法使用。找到合适的石块之后，需要将石块加以敲打并打磨成型，用于打磨的工具也是石头，将石头磨成一个斧头的形状，并将其表面磨光滑，斧刃处要磨得薄一些，这样才能发挥砍削的作用。

　　石头打磨完成后，需要找一段质地坚硬的树枝制作斧柄。如果树枝较粗，可以在一端凿开一个孔洞，然后将石头插进孔洞，再用绳子将其捆紧。如果树枝较细，可以将一端劈开，再将石头插入斧柄裂口，最后用绳子将其捆紧。为了便于握持，可在斧柄缠上绳子。

不同制作方式的石斧

🖐 骨锯

　　如果在野外遇到中大型动物的尸骨，可以将其肩胛骨取下，制成一把质量不错的锯子。首先用小刀或其他工具将肩胛骨较薄的内侧缘切割成锯齿状，然后用绳子将肩胛骨的另一端绑在坚硬的木棍上。当然，边缘锋利的肩胛骨也能作为斧头或切割工具使用。

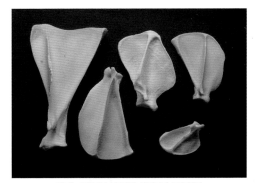

动物肩胛骨是制作骨锯的好材料

棍棒

与需要精细加工的弓箭、弹弓和石斧相比，棍棒是野外生存时最容易取得的防身武器。长棍在行走时可作为拐杖，一端削尖后可变成有用的刺杀或投掷武器。长约 1.8 米的直棍可制成理想的刺杀梭枪，长约 0.9 米的直棍可制作更易操作的投掷标枪，长度再缩短一半的直棍可制成投镖——具有更高的精准度，能投射更远的距离。若在刺杀梭枪前端加上各式枪头，它会更有杀伤力。枪头材料可供选择的有锋利的燧石、马口铁，或者直接用尖刀绑在梭枪头部。

锋利的燧石适合制成枪头

2.2.3 | 烹调和食用器具

有了应急工具、保暖衣物和防身武器，求生者还要制作一些烹调和食用器具，从而保证自己能吃到干净的熟食。烹制、进餐和贮存食物的工具可以用多种材料制成。在求生条件下，要最大限度地利用所有可使用的材料，使其发挥最大作用。

锅

虽然求生者可以采用烧烤的方式烹制肉类，但有些食物仍需要炊具进行熬煮。野外最常见的炊具材料是木头、竹子和龟壳。使用凿出凹槽的木头作为炊具时，可先装进食物和水，然后将烧烫的石头放进去，待石头冷却后将其取出，放入更多烧烫的石头，直到食物煮熟为止。需要注意的是，不能使用砂石和石灰石一类有气泡的石头，以免发生爆炸。竹筒可以吊在火上加热，非常适合熬煮食物，但要注意不能使用加热可能引发爆炸的封闭竹节。利用树叶或树皮制作容器也可以采用相同的加热办法。不过，这种容器位于水线上面的部分很容易被点燃，除非你能始终保持一个足够低的火苗高度，或使容器保持湿润。

　　如果使用的是龟壳，则要将壳放进水中煮沸，彻底消毒后再使用。接下来，将食物和水放入龟壳，吊在火上加热即可。当然，如果能找到他人丢弃的金属容器，将是最理想的炊具。

使用木头制作的锅

使用竹筒烹制食物

碗盘

碗盘的制作可以利用木头、竹子、树叶、骨头、皮、角或其他类似材料。木碗的制作相对比较容易，只需截下一段中空的木头，便可以盛装足够的食物和水。竹筒也是容易取得的天然餐具。一些阔大的植物叶片也可作为简易的餐盘。

筷子

制作筷子的常见材料是树枝和竹片，但要注意打磨光滑，以免划伤。使用树枝制作筷子时，应选择不含树脂的树种，否则会留下浓烈的树脂味，破坏食物的味道。白桦树、橡树等一些硬木树不含树脂。而树皮上有树液或切开时流出树脂的树则不能使用。

水壶

制作水壶极好的材料就是大型动物的胃，但要彻底洗净才可使用。其制作方法非常简单，将底部打结作为壶底，顶部作为壶口，平时使用绳子将壶口扎紧。另外，也可以使用竹筒来做水壶。

寻水取火和盐分摄取

野外环境通常非常恶劣，人类的各项需求往往只能得到最低限度的满足。在野外生存所需的各种物资中，水、火和盐是最重要的几种物资，如果没有它们，在野外生存的士兵将时时刻刻面临死亡的威胁。因此，在野外寻找水源、取火和摄取盐分是每名士兵必须学会的技能。

3.1 | 野外寻水

3.1.1 | 水的重要性

众所周知，一切生物都离不开水，有水的地方，才会有生命的存在。对于人类而言，水在人体中平均占到 75%，但不同的年龄段其比例是不一样的，母体内胎儿 92% 是由水组成的，出生后的婴儿 83% 是水，成年人约 62% 是水，而 55 岁以上的人只占到 50% 甚至 45%。

不难得知，水是有活性的，人的衰老过程也就是人体的活性降低的过程。水不但能解渴，更重要的是水对人的生命还具有功能性，人的一切生理活动如调节体温、氧气输送、食物消化、废物排泄、血液循环、细胞代谢、关节润滑、心脏跳动等都是靠体液（水）来帮助完成的。人体一旦缺水，后果是非常严重的。缺水 2%～3%，人会感到口渴；缺水 6%，人会口干舌燥，皮肤起皱，意识不清，甚至幻视；缺水 20%，人就会因严重脱水而死亡。

在所有的生存物资中，水是最重要的。如果你要在野外生存更长的时间，就必须懂得如何去寻找水源或者如何获得淡水。在野外生存条件下，如果没有食物，一个人仍然可以在一定的条件下继续维持生命。然而如果没有水，他在几天的时间内就会死亡。因此，对于野外生存者而言，寻找水源是当务之急。

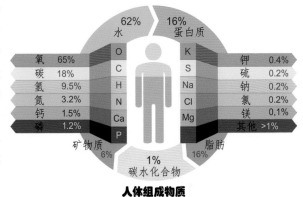

62% 水	16% 蛋白质	
氧	65%	O
碳	18%	C
氢	9.5%	H
氮	3.2%	N
钙	1.5%	Ca
磷	1.2%	P

K	钾	0.4%
S	硫	0.2%
Na	钠	0.2%
Cl	氯	0.2%
Mg	镁	0.1%
	其他	>1%

矿物质 6%　　1% 碳水化合物　　脂肪 16%

人体组成物质

美国陆军第 101 空降师士兵学习野外寻水

美国陆军第 101 空降师士兵利用塑料袋收集植物水分

3.1.2 寻找水源

不同的地形地貌，水源的分布规律也不同。寻找水源时，根据人们的实践经验，通常采取观察植物的生长位置和动物活动范围的方法来判定。

 **根据绿色植物寻水**

水是植物生长所必需的物质。因此，植物的种类、生长情况以及分布情况往往可以帮助野外求生者找到水源。

在野外，如果看到大叶植物和深根植物这类喜水植物集中在一处，并且生长茂盛，就说明其所在位置下面不太深处有地下水存在，常见的喜水植物有白芨、马莲、水芹菜、芦苇、三棱草和狗尾巴草等，它们不仅喜欢生长在河、塘、湖等水体岸边，也生长在有地下水的地方，这些地方的地下水水质也好。如果在旱地上某处连片生长着茂密的芦苇，则说明此处有着丰富的地下水，一般在地下 3～5 米可以见水。另外，有些植物只生长在有水的地方，在它们下面必定能挖出地下水，如三角叶杨、梧桐、柳树、香柏等。

在我国南方地区，叶茂的竹丛不仅生长在河流岸边，也常生长在与地下河有关的岸溶大裂隙的地方。在广西壮族自治区许多岩溶谷地、洼地，成串的或独立的竹丛地，常常就是有大落水洞的标志。这些落水洞有的在洞口能直接看到水，有的在洞口看不到水，但只要深入下去，往往就能找到地下水。在许多干旱的沙漠、戈壁地区，生长着怪柳、铃铛刺等灌木丛的地下 6～7 米深就有地下水。有胡杨生长的地方，地下水位距地表 5～10 米。另外，只有在有水的地方，才有可能出现成片的草地。

在季节变换的时节，当看到某处植物在季节变化过程中表现出与其他地方的植物不同时，有时可以作为寻找水源的参考。一般来说，在地下水出露或埋藏浅的地方，冬春之交积雪融化较快，树芽萌发早，树叶先绿，以柳树表现为甚；夏天伏旱时，该处的草木不易枯萎；秋冬时节，树木落叶晚，花草枯萎迟。

芦苇是常见的喜水植物

生长在干旱地区的铃铛刺

 **根据动物寻水**

　　除了植物，动物也可以作为寻找水源的"向导"。在自然界中，特别是在干旱炎热的地区，不少的动物都在拂晓或黄昏时分外出觅水，特别是草食性动物。绝大多数哺乳动物定期补水。草食性动物通常永不会离水源太远，因为它们早晚都需饮水。因此，留意跟踪动物的足迹经常会找到水源，可以跟随其后。需要注意的是，肉食性动物饮水一次可以维持较长时间，它们可以在捕食其他动物时获取水分。所以出现肉食性动物的地方，附近不一定有水源。

　　昆虫和某些动物的聚集地，通常意味着地下水埋藏浅。平时注意观察自然的人都有这样的经验：夏季蚊虫聚集，且飞成圆柱形状的地方一定有地下水；有青蛙、大蚂蚁、蜗牛居住的地方也有水。冬天，青蛙和蛇等动物都喜欢在相度湿度较大的地方冬眠。蚂蚁也离不开水，一队向着一棵树行军的蚁群很可能是去地下蓄水池饮水。这样的蓄水之地即便是在不毛之地也有可能找到。

　　鸟类的习性有时也可帮助求生者找到水源。燕子飞过的路线和衔泥筑巢的地方，都是有水源和地下水位较高的地方。另外，鹌鹑傍晚时向水飞，清晨时背水飞；斑鸠群早晚飞向水源；谷食性鸟类不会远离水源，如雀类和鸽类，它们早晚都需要饮水。当它们径直低飞时，那一定是渴求水源。饮足水后，它们会停在那里歇息，从一棵树飞到另一棵。密切留意它们的飞行方向，可能会找到水。候鸟停留地或栖息地常有地下水存在。不过，水鸟和食肉鸟类的出现不代表附近一定有水。

在水源地撒欢的叉角羚

两栖动物青蛙需要定期补水

👉 根据地质结构寻水

　　在石灰岩与熔岩地带常常可以发现一些流量比较大的泉水，而其他岩石地带不常见。熔岩上面布满了成千上万个微小的气孔，泉水就是通过这些微小的气孔渗漏出来的。如果岩石裂缝及其外表有鸟类粪便，就说明水源地近在咫尺。

　　在干涸的河床或沟渠下面很有可能会发现泉眼，尤其是在沙石地带。在海岸边，应在最高水线以上挖坑，尤其是在沙丘地带，很可能会有一层厚约5厘米的淡水，浮在密度较大的海水层上。

熔岩地带的泉水

3.1.3 | 鉴定水质

当求生者在极度干渴之际找到水源后，最好不要急于狂饮。由于水在自然界的广泛分布和流动，特别是地面水流经地域很广，一般情况下难以保证水源不受污染。例如，一些水域有鱼类生活，但人类并不一定可以直接饮用这里的水。实验证明，阿米巴原虫广泛分布在水草丰富的水域，鱼类可以在这种水域生活，而人类喝了这里的水后，几小时后就会发病（肠炎、痢疾等）。很多水域看起来非常干净，鱼类也在那里畅游，但这里的水在加热后，经常会出现白色絮状沉淀，这种水硬度太大，久饮不利于健康。因此，找到水源并不意味着可以直接饮用。在野外没有检验设备时，可以根据水的色、味、温度、水迹等概略地鉴别水质。

纯净的水在水层浅时无色透明，深时呈浅蓝色。可以用玻璃杯或白瓷碗盛水观察，通常水越清水质越好，水越浑则说明水里含杂质越多。水色随含污不同而变化，如含有腐殖质呈黄色，含低价铁化合物呈淡绿蓝色，含高价铁或锰呈黄棕色，含硫化氢呈浅蓝色。

一般清洁的水是无味的，而被污染的水则带有一些异味。如含硫化氢的水有臭鸡蛋味，含盐的水则带咸味，含铁较高的水带金属锈味，含硫酸镁的水有苦味，含有机物质的水有腐败、臭、霉、腥、药味。为了准确地辨别水的气味，可以用一只干净的瓶子，装半瓶水摇荡数下，打开瓶塞后立即用鼻子闻。也可以把盛水的瓶子放在约 60℃ 的热水中，如果闻到水里有怪味，就不能饮用。

此外，还可用一张白纸，将水滴在上面晾干后观察水渍。清洁的水是无斑迹的，有斑迹则说明水中杂质多、水质差。

纯净的水在玻璃杯中无色透明

3.1.4 | 改善水质

对于不干净的水源，求生者应该就当时的环境条件，对其进行必要的净化消毒处理，以避免因饮水而中毒或传染上疾病。对水源进行净化和消毒处理有下面几种简便可行的方法。

👉 水的净化

渗透法

如果你找到的水源有漂浮的异物或水质混浊不清时，可以在离水源 3 ～ 5 米处向下挖一个深 50 ～ 80 厘米、直径约 100 厘米的坑，让水从沙、石、土的缝隙中自然渗出，然后轻轻地将已渗出的水取出，放入盆或壶等存水容器中。在此过程中，不要搅起坑底的泥沙，以保持水的清洁。

缓慢渗水的土坑

过滤法

如果你找到的水源较为混浊，有异物漂浮且有微生物或蠕虫和水蛭幼虫等，水源周围的环境又不适宜挖坑时，可找一个质量较好的塑料袋，将底部刺些小眼儿，或者用棉质手套、手帕、袜子、衣袖、裤腿等，也可用一个可乐瓶，去掉瓶底后倒置，再用小刀把瓶盖刺出几个孔，然后自下向上依次填入 2 ～ 4 厘米厚的细沙—木炭粉—细沙—木炭粉—细沙，总层数在 5 ～ 7 层。压紧按实后，将不干净的水慢慢倒入自制的简易过滤器中，等过滤器下面有水溢出时，即可用盆或壶将过滤后的干净水收集起来。如果对过滤后的水质不满意，应再制作一个简易过滤器，将过滤后的水再次进行过滤。

使用过滤法净化水源

沉淀法

沉淀法是将找到的水收集到盆或壶等存水容器中，放入少量的明矾或木棉枝叶（捣烂）、仙人掌（捣烂）、榆树皮（捣烂），在水中搅匀后沉淀30分钟，轻轻舀起上层的清水，不要搅起已沉淀的浊物，这样便能得到较为干净的水了。

使用沉淀法净化水源

💧 水的消毒

一般说来，除了泉水和井水（地下深水井）可直接饮用外，不管是河水、湖水、溪水、雪水、雨水、露水等，还是通过渗透、过滤、沉淀而得到的水，最好都应进行消毒处理后再饮用。水的消毒主要是杀灭对人体有害的致病微生物，主要方法有两种。物理法是将水煮沸消毒，这是一种既容易又简单，而且比较可靠的消毒方法。化学法是利用化学药品氯、碘、高锰酸钾、漂白粉、明矾、69-1型饮水消毒片等进行消毒。具体来说，水的化学消毒方法主要有以下几种。

（1）将净水药片放入存水容器中，搅拌摇晃，静置几分钟，即可饮用，也可灌入壶中存储备用。一般情况下，1片净水药片可对1升的水进行消毒，如果水质较混浊可用2片。目前，许多国家的军队在野外作战时都采用此法对水进行消毒。

（2）如果没有净水药片，可以用随身携带的医用碘酒代替净水药片对水进行消毒。在已净化的水中，每升水滴入3～4滴碘酒，如果水质混浊，碘酒要加倍。搅拌摇晃后，静置的时间也应长一些，20～30分钟后，即可饮用或备用。

（3）利用亚氯酸盐，即漂白剂，也可以起到消毒的作用。在已净化的水中，每升水滴入3～4滴漂白剂，水质混浊则加倍，摇晃匀后，静置30分钟即可饮用或备用。使用这种方法消毒的水会有漂白剂的味道，注意不要把沉淀物一起喝下去。

（4）如果以上的消毒药物均没有，正巧随身携带有野炊时用的食醋，也可以对水进行消毒。在净化过的水中倒入一些食醋，搅匀后，静置 30 分钟后便可饮用。

（5）在海拔高度不太高（海拔 2500 米以下）且有火种的情况下，把水煮沸 5 分钟，也是对水进行消毒的好方法，且简便实用。在平原地区，多采用这种方法对河水、湖水、溪水、雨水、露水、雪水进行消毒，以满足饮水和烹饪的需求。

（6）如果找到的是咸水，可用地椒草与水同煮，虽然不能去掉原来的苦咸味，却能防止发生腹痛、腹胀、腹泻等症状。如果水中有重金属盐或有毒矿物质，应用浓茶与水同煮，最后出现的沉淀物不要喝。

无论求生者用什么样的方法净化饮水，在喝下后的几个小时里都要留意自己身体的反应。如果发生腹痛、腹胀、腹泻的症状，一方面要着手治疗；另一方面要修正水处理方法，或者重新寻找水源。

美军士兵在观察消毒后的水

3.1.5 | 自制饮水

由于地球环境复杂多变，谁也无法保证一定能找到水源，因此，求生者要学会在找不到水源的情况下，利用一些简便的方法获取少量的饮水或利用一些植物解渴。

太阳能蒸馏器

太阳能蒸馏器适用于沙漠地区或者昼夜温差大的地区。首先，在地上挖一个直径约 0.9 米、深约 0.6 米的土坑，在土坑的中心部位再挖出一个类似于漏斗那样的小坑，把一只盛水容器放在里面。然后用一张塑料布把整个坑口覆盖起来，再用沙石土块把这张塑料布牢牢地固定。最后，还要在塑料布的中间压上一块石头。太阳升起来以后，土坑内的空气与土壤的温度也会随之升高，由此就可以产生一些水蒸气。待这些水蒸气在塑料布的下面凝结以后，它们就会顺着斜坡流入安置在坑底的盛水容器里。

除了收集水蒸气，这种太阳能蒸馏器也可以用来把受到污染的水蒸馏成为纯净水。另外，这种方法也适用于淡化海水。具体做法是：距蒸馏器约 25 厘米处挖一道浅沟，把受到污染的水或者海水倒入这个浅沟，利用土壤本身就可以对这些水进行一次基本过滤，并且把它们回收到安置于土坑内的盛水容器里。

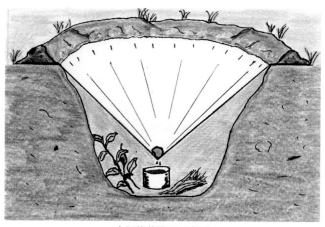

太阳能蒸馏器示意图

美军士兵在沙漠中练习使用太阳能蒸馏器

蒸发袋

　　蒸发袋是一种非常简单的取水方法。具体做法是：从大树上砍下一些枝叶或者寻找一些草本植物，把它们封装在一只干净的人塑料袋里面，然后把这只塑料袋放在阳光下面。在太阳光的作用下，保存在枝叶里面的水分将被抽取出来。此外，也可以把一只很大的塑料袋直接罩在一个树枝或者一丛灌木上面，并把袋子的开口处捆扎起来，然后把石头一类的重物拴在袋子的另外一端，或放在袋子里，使其下坠。这样树叶蒸发出来的水分就会聚集在袋子里，并流向袋子内位于底端的角落。天气越热，蒸发量越大，得到的水就越多。利用这种方法，每天取水量可达 1 升左右。当然，这种水可能会带有一点儿苦涩的味道。

蒸发袋取水

收集露水

从半夜到天亮的这段时间里，气温逐渐下降，空气中的水分便会凝结成露水，贴附在地面或植物上。早晨，将塑料布铺在草丛下面，摇晃草丛，使露水滴落下来，积少成多，可解干渴之急。

清晨植物叶片上的露水

收集雨水

下雨时，可用雨布、塑料布大量收集雨水，也可用空罐头盒、杯子、钢盔等容器收集雨水。此外，还可将一块布料缠在一棵倾斜的树干上面，再使这块布料的一端垂落至一个集水容器内。

植物解渴

山野中有许多植物可用以解渴。例如，我国北方的黑桦、白桦的树汁，山葡萄的嫩条，酸浆子的根茎；南方的芭蕉茎、扁担藤等。记住：如果你不了解某种植物，千万不可盲目地饮用它们的汁液，应该进行实验后再决定是否饮用。

美国海军陆战队士兵通过舔舐植物汁液解渴

3.1.6 | 延缓水分流失

在野外活动时，一方面要全力寻找水源；另一方面要最大限度地减少身体脱水，以维持体液平衡。因此，了解人体的水分流失规律，有助于求生者主动控制水分流失量。

水分的流失是人体正常的新陈代谢，多喝多排，少喝少排，不喝也要排。只要人活着，有血液循环，水分就会不断流失，人就需要不断补水。在温暖的气候条件下，一个人每天至少要喝 2.5 升的水。即使体力活动十分有限，也仍然需要通过一定方式来补充水分。人体的水分流失主要集中在以下几个方面。

尿液排出

肾主水液，是人体保持水平衡的主要器官。人体内主要溶质的排泄取决于肾脏，但当水的摄取量过多时，肾脏就会排出多余的水分；当水供给不足时，又有助于保存水分。肾脏还是人体重要的排泄器官，肾脏溶质负荷排泄需要一定的水分以尿液的形式排泄掉。因此，人体的最低尿量所需要的水量取决于溶质负荷量和肾脏对尿的浓缩能力。正常的成年人，身体的最小排尿量每天约 500 毫升。

出汗和隐性水分流失

当人体处于高温或者高强度的体力负荷下，汗液的蒸发就是机体散热的主要方式，以此来维持人体的正常体温。因此，炎热的夏季人往往要大量补水。此外，人体内的水分还会通过皮肤蒸发或呼吸而排出体外。研究发现，即便是在恒定的温度和湿度，人体的皮肤表面和呼吸也会随着身体代谢产热而流失水分，这就是隐性失水。正常的成年人每天的隐性失水约 400 毫升。

粪便水流失

粪便的含水量为 40% ～ 70%，按每人每天排便 1 次计算，正常的成年人通过排便而造成的水分流失大约 100 毫升。

除正常流失外，还有一些特殊情况会导致人体对水的需求量进一步增加，具体包括：如果处于高温环境，一个人就有可能通过排汗每小时损失大约 4000 毫升的水分；剧烈的运动会加快呼吸频率，并且提高汗液的排出量，其最终结果必然是通过肺部损失更多的水分；在寒冷条件下，空气中的水汽将会减少，温度也会随之下降。因此，在这种条件下用肺部呼吸就会损失更多的水分；在寒冷的空气环境中呼吸将会损失大量的水分。如果人所处的高度有所增加，那么人的呼吸就会变得更加急促，也就必然会损失更多的水分；烧伤会破坏皮肤的外表层以及水分扩散的载体，这样一来就会加剧水分的流失；如果生病后发生呕吐或者腹泻，那么必然会流失大量的水分。

因此，要维持体液平衡，重点应从以下几个方面入手。

（1）在水源充足的情况下，应尽量多饮水，以保持体内有较多的存水量。这样一旦陷入断水的困境，便可以赢得延长生命的时间。

（2）在水源不充足的情况下，要合理科学地饮水。正确的喝水方法是少喝、勤喝，一次只喝一两口，水在口中含一会儿，分两次慢慢咽下，每升水的饮用时间至少要在5小时。这样的喝水方法，既可使身体将喝下去的水充分吸收，又可解决口干舌燥的问题。从生理学的意义上讲，就是既不会让体内严重缺水，又不会排出多余的水分。

（3）在高温季节，健身运动尽量利用早晚和夜间较凉爽的时间，避开中午高温时段，以减少体内水分的消耗。

（4）避免太阳光直射。活动和休息应尽量在阴凉的场所进行，以减少水分的流失。待在阴凉隐蔽之处，不要躺在温度较高或者被太阳照射过的地面上。

（5）控制烟、酒。吸烟和喝酒都会增加器官的水分消耗量，尤其是喝酒，要消耗大量的水分，因此，在断水的情况下，烟、酒必须严加控制。

（6）稳定情绪。心理稳定、镇定自若可以减少器官中水分的消耗；相反，紧张和烦躁则会增加水分的消耗。因此，要注意调整自己的心理状态，稳定情绪，同时注意休息。在水源不足的情况下，应尽量将活动量减至最低限度。

（7）合理进食。如果身体得不到水分补充，体液会从要害器官转移以便消化食物，这样会加速脱水。脂肪很难消化，需要大量水分。因此，在不得不将饮水量限制在每天1升以下的情况下，要尽量避免食用肉类、干燥、高淀粉的食品，或味道过浓过重的食品。多吃碳水化合物含量高的食品，如水果。

（8）缺乏饮用水时，尽可能多休息，不要说话。应当用鼻子呼吸，不要用嘴来呼吸。

出汗会导致水分大量流失

3.2 | 野外取火

3.2.1 | 火的重要性

在人类发展史上，用火是继石器制作之后，又一件划时代的大事。火对人类的生活和生产都有着巨大的意义，它开创了人类进一步征服自然的新纪元。对于在野外求生的士兵来说，火也是必不可少的东西，无论是从人类身体还是从心理方面而言，火都是非常重要的，它具有多种多样的用途。

在气温较低的地区，就算没有足够的保暖衣物，火也能给人的身体带来温暖；当人的衣服被雨水或露水弄湿时，火可以帮人快速烘干它们；火可以烧开生水，还可以用来煮熟食物，从而减少疾病，并扩大食物的来源和种类；火可以吓跑危险的野兽，也可以驱赶烦人的蚊虫，使人在夜里安然入睡，为接下来的求生行动积蓄力量；火可以帮助人煅烧金属工具，在制作弓箭、木矛时也需要通过火烤矫正器身；在人需要发送求救信号时，火堆发出的浓烟是一种不错的选择。

在我国古代时期，取火方式主要有钻木取火、击石取火、火镰取火、阳燧取火、火寸取火等。进入现代社会以后，人类发明了打火机取火、电火花取火等新的技术，为人类的生产和生活创造了更加便利的条件。在日常生活中，现代取火方式已经完全取代了古代的各种取火方式，但对于物资有限的野外求生者来说，必须学会利用周围的天然材料来取得火种，不能依赖于打火机或者其他现成的取火方式。毕竟，没有谁能保证自己身上无时无刻都带着现代取火工具。

美国国民警卫队士兵在野外取火

美军士兵在雪地中取火

美军特种部队士兵在野外取火

3.2.2 | 火的基本原理

尽管现代人对火的存在已经习以为常，但未必每个人都懂得燃烧的基本原理。而只有掌握了燃烧的原理，才能在野外生存时更好地利用火。

要想某种物质燃烧，必须同时具备三个基本条件。①可燃物。不论固体、液体和气体，凡能与空气中氧或其他氧化剂起剧烈反应的物质，一般都是可燃物，如木材、纸张、汽油、酒精、煤气等。②助燃物。即能帮助和支持燃烧的物质，一般指氧和氧化剂。常见的助燃物就是空气中的氧，这种氧称为空气氧，在空气中约占21%。可燃物没有氧参加化合反应是不会燃烧的，例如，燃烧1千克石油就需要10～12立方米空气，燃烧1千克木材就需要4～5立方米空气。当空气供应不足时，燃烧会逐渐减弱，直至熄灭。当空气中的含氧量低于14%时，一般可燃物质不会发生燃烧。③火源。凡能引起可燃物燃烧的能源都叫火源，如明火、摩擦、冲击、电火花等。

因此，在野外成功取火的要点就是事先准备好各个阶段所需要的材料，并且确保已经具备了上述三个基本条件。每次取火，要确保有良好的通风条件、足够的燃料和必备的热源。为了燃起一堆大火，温度须维持在某一点，以使空气和可燃物不断产生反应。如果向火中鼓风或在其中埋进一根通风管道，获得的氧气就越多，火就烧得更旺；如果通风得到抑制，火势自然就会减弱。余火也会散发热量，但是需要的燃料更少。如果知晓了这些道理，就可避免火苗释放出浓烈的烟雾。冒烟是由不充分燃烧引起的，小心一点，在实际操作中就能够让烟冒得更少一些。

燃烧的原理

3.2.3 | 选择取火地点

在野外取火需要选择合适的地点，否则就可能无法成功取火，或者不慎引发火灾，使求生者陷入困境。在选择取火地点时，要牢记自己取火是为了取暖、烹煮食物、提供安全。

一般来说，选择取火地点有三个基本原则。①风力小或背风处。在平坦地区，可竖一道挡风墙，或者挖一道壕沟。一般在避风处挖一个直径约 1 米、深约 0.3 米的坑。如果地面坚硬无法挖坑，也可找些石块垒成一个圆圈。②干燥处。若找不到干燥的地方，可以用湿木头或石头搭一个高出地面的平台，然后在上面取火。③靠近水源。取火前，要清除周边易燃物，并预备些泥土、沙石、湿青苔等用于及时灭火。

在野外取火时，通常需要建造一个简单的炉灶，使火势得到控制。建造炉灶要小心谨慎，选择一个安全的地点，尤其在风大的时候，除了发出信号或者在一个临时的大树枝下或雪洞里隐蔽取暖外，不要在树根或树桩下点火。另外，要将火堆周围 2 米以内的树叶、树枝、苔藓和枯草清理干净，以免发生火灾。

如果地面潮湿松软或积雪深厚，则需要搭建一个高出地面、悬在空中的平台。这种平台通常由刚砍伐的新鲜木材建造，以四根竖直的木桩作为支撑，木桩顶部放置一层圆木棍，再覆盖几厘米厚的土或石头，才可在上面取火。平台搭好后，可在两侧分别插上一根较长的直木，再横担一根木棍，用来悬挂烧水或烹饪的器具。

需要注意的是，火堆边不可放置潮湿或带孔隙的石头，尤其是曾经浸泡在水中的岩石更要小心——它们在受热时可能发生爆炸。另外，也要避免使用板岩和较软的岩石——通过岩石间彼此猛烈撞击就可以检验出来。一切有裂隙、高度中空或表面易剥落的岩石都不可使用。如果它们含有水分，则膨胀速度更快，极易爆裂，迸溅出危险的碎片。对于在野外生存的士兵来说，被迸溅的碎片伤到眼睛将是致命的打击。

美国陆军士兵在简易炉灶中生火

美军士兵学习野外取火

3.2.4 | 准备取火材料

取火的材料主要包括火种、引火物和燃料。所谓火种，就是一种燃点比较低、易于点燃的材料。一般来说，火种往往是由一些比较单薄的干燥纤维组成的。它可以是从树木或者灌木丛中剥离下来的干燥树皮、干死植物上面的变形纤维、细小干燥的木片、草秸、枯草、含有树脂的锯屑、非常薄的木质刨花、鸟巢或者啮齿动物穴窝的内衬、种子绒毛、棉花或者棉绒、钢丝棉、松树上面的干枯树脂、碎纸或者泡沫塑料等。

引火物是指那些容易燃烧的材料，它的投放时间紧跟在火种之后。这样一来，它就可以把火焰的燃烧温度进一步提高，为下一步加入燃料做好准备。引火物可以是已经干死的小树枝、松树叶子或者松果一类的树木种子以及那些浸满了易于燃烧汁液的树木材料。即使是雨天，桦树皮仍是很好的引火物，因为它里面含有易燃的油脂。

燃料主要为干柴，因为潮湿的燃料往往会产生大量的浓烟。干柴要选择干燥、未腐朽的树干或枝条。要尽可能选择松树、栎树、柞树、桦树、槐树、山樱桃、山杏之类的硬木，因为它们燃烧时间长，火势大，木炭多。不要捡拾贴近地面的木柴，贴近地面的木柴湿度大，不易燃烧，且烟多熏人。在没有树木的地区，同样有天然燃料，如拧成绳的干草、枯死的灌木、煤泥干、油页岩、含油的沙土、干动物粪便、动物油、废弃的生活垃圾、塑料、汽车轮胎等。

人类在野外生存时，应该养成一种良好的习惯，那就是随身携带引火物，并且把它保存在一个具有良好防水性能的容器里面。这样，即使到了不容易找到干燥引火物的地区，也不至于为无法取火而发愁。

从干木柴上削下来的薄片就是很好的引火物

3.2.5 | 野外取火方法

👉 钻木取火

人类最初使用的是天然火，后来逐步掌握了从自然中取火的技术。韩非子的《五蠹》及其他许多中国古籍中都提到过燧人氏"钻木取火"的故事。虽然燧人氏只是神话中的人物，但其至少证明了中国古代远在春秋战国以前就已经发明并掌握了钻木取火的方法。据专家考证，古代钻木取火的过程是：折一根山麻木，把它弄成扁平的形状，在上面刻上一道浅的凹穴。再折一根山麻木当棍子，人坐在地上，双脚踩住扁平的山麻木板，把棍子一端按在凹穴上，双掌握住来回搓动。这样棍子末端与木板结合处发生剧烈摩擦，会产生许多木屑，并因摩擦生热，等碎木屑热到一定程度，就会产生火星点燃木板旁易燃的干草或木屑，燃起火焰。

钻木取火是最古老的取火方法，也是伴随人类时间最长的取火方法。对于在野外生存的士兵而言，钻木取火是取材最方便、成功率较高的方法。因此，要熟练地掌握这种最基本的取火方法。钻木取火有多种方式，其中较为省力的是弓弦钻木法。

弓弦钻木法的具体操作步骤如下：用一块笔直的硬质木材制作一根立轴，其长度为30～45厘米，直径约为2厘米。将立轴的一端打磨成圆形，紧接着把这一端插入一个浅窝（这个浅窝是在一块硬质木板上面挖出来的，可以利用这块木板来压住整根立轴，这样就可以使整个取火操作更加方便快捷）。为了减少摩擦，可以在浅窝内涂抹一些润滑脂或者肥皂水。立轴的另一端要打磨成锥形。

手弓可以用一段树枝制成，树枝长度约为90厘米，直径约为2.5厘米。在树枝两端拴好一根绳子或者一条皮带即可。取火板是用一块软质木材制成的，长度约为30厘米，宽度为7～15厘米，厚度约为2厘米。在取火板上面挖出一个很小的孔洞，然后沿着该板的边缘把它扩大成"V"字形。这个小孔洞的中心可以扩大一点，这样就可以使立轴钻得深一些。之所以要把小孔洞的剖面制作成"V"字形，就是为了切割立轴的头部，通过急速的旋转运动使其发热，继而产生炽热的锯末。

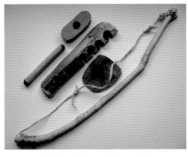

弓弦钻木法取火的工具 　　　　　　对着火源慢慢吹气可以帮助燃烧

开始取火时，人要单膝跪地，用另外一只脚踩住取火板，把引火材料放在"V"形孔洞的正下方。此时，还应在取火板的下方垫好两根树枝，使取火板的下方能够形成一个空间。围绕着立轴拉扯一下弓弦，使它能够垂直地插入预先挖好的孔洞中。紧接着，用挖有浅窝的硬木插座把立轴压在取火板上面。来回拉动手弓，使立轴快速转动，直到产生烟雾为止。这时应该逐渐加快转动速度，直到烟雾越来越浓为止。在这种情况下，只要对着炽热的锯末慢慢吹气，就可以把它们转变为一些逐渐燃烧起来的炭火。把手弓与立轴拿开以后，那些炽热的锯末炭火就会接触到位于取火板下面的引火材料。此时，可以围绕那些灼热的炭火翻滚引火材料，紧接着再慢慢地吹气。然后就可以把这些即将燃烧起来的引火材料放置在更多的引火材料或者燃料上面了。

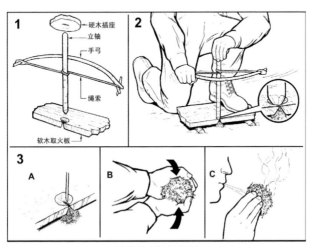

弓弦钻木法示意图

除了弓弦钻木法，还有手钻法、双人钻木法、简易刨子法、易洛魁法等多种钻木取火方式，求生者可以根据求生环境灵活选择合适的方法。

手钻法是传播最广泛，但同时也是最困难的一种方法。事实上，手钻法可以看作没有手弓的弓弦钻木法。首先，找到合适的木材做钻板，干燥的白杨木或柳木会是不错的选择，因为它们的质地较软。再找到合适的树枝做钻头（立轴），相对较硬一些就可以，条件不像钻板一般苛刻。然后，把钻板边缘钻出倒"V"形的小槽，接着在钻板下放入易燃的火绒或者枯树叶，最后双手用力钻动，直到钻出火来为止。由于手钻法的转速较低，而且容易使人疲惫，所以取火成功率远不如弓弦钻木法。

双人钻木法的操作方法跟手钻法大致相同，不同的是双人钻木法要由两个人合作完成。一个人用带凹槽的木头盖子把钻头固定在钻板上，另一个人用摩擦力较大的绳子或藤条在钻头上缠几圈，然后快速来回拉动。双人钻木法的效率比手钻法更高。

简易刨子法是将软质木板挖出一条长槽，槽的前方放置易燃火绒，然后用较硬木条快速来回推动，直到火星将火绒点燃。

易洛魁法是北美易洛魁人发明的钻木取火方法，其取火效率不逊于弓弦钻木法。具体做法为：钻轴的一端用两根绳子缠绕，绳子的另一端分别固定在一块硬质横板上。钻轴的中间部位用一只硬质木轮做加速器。在把绳子缠好后，用力向下压横板，就能使钻轴产生极快的转速，然后钻出火花。

手钻法

简易刨子法

易洛魁法

击石取火

击石取火的历史仅次于钻木取火，人类在使用石器的过程中，发现有时两块石头相互撞击能够产生火花，点燃干草。不过，并不是所有的石头受到撞击都能够产生火花，于是人们开始有意识地寻找并使用受到撞击后容易产生火花的石头，并把它称为火石，也叫燧石。人们从山上或河里找到的火石多是马牙石、玛瑙之类的石块，主要成分是二氧化硅，质地坚硬，砸破有锋面。因此，当无法找到钻木取火的材料时，求生者可以尝试寻找撞击时能够产生火花的石头，用于点燃随身携带的引火物。

坚硬的燧石

金属取火

金属取火也就是我国古代使用的火镰取火。早在春秋战国时期，随着铁器的出现，古人便开始使用火镰取火。火镰也被称为火刀，其取火的道理与钻木取火、击石取火的道理基本相同，即用铁制成的火镰敲击坚硬的火石，或用火石敲击火镰，因强烈的撞击使剥落的铁屑受热而表面氧化，生成火星，火星落在易燃的干草、木屑或纤维上使其燃烧，就产生了火焰。与击石取火相比，火镰取火的效率更高一些。除了撞击的方式外，也可在阳光强烈的夏天中午，找一些枯草等易燃物堆成小堆，然后在下面放一块铁片或者其他金属板，暴晒一定时间也会燃烧。

火镰和火石

凸镜取火

在我国商周时期，随着青铜器制作技术的高度发展，人们发明了一种取火的新器物——阳燧。《考工记》中就记载了西周人以金锡为镜、用其凹面向日取明火的方法。金锡，指的是铜与锡的合金，用这种合金做成凹面镜，便是阳燧。宋代科学家沈括在《梦溪笔谈》中归纳："阳燧面洼（凹），向日照之，光皆向内，离镜一、二寸为一点，大如麻菽，着物则火。"在古人的各种取火方式中，只有阳燧取火最为特殊，因为它完全摆脱了以往用摩擦、撞击等机械方式取得火种的束缚，而采用聚焦太阳能的方式获取火种。它说明当时人类对于阳光的物理特性已经有了比较充分的认识，并且主动利用这种特性为生产和生活服务。这无疑是人类对取火方式的一次重大技术变革，也是中国古代的一项伟大发明，在世界科技史上享有盛誉。

到了近现代，人类有了效率更高的聚焦太阳能的工具，最常见的就是放大镜（凸透镜）。利用一只放大镜、一片照相机镜头片、一片具有放大功能的闪光灯镜头片或者一块带有凸形的玻璃瓶残片，就可以轻而易举地把阳光聚焦在引火物上面，以此来获得火种。如果方便，还可以使用一支香烟作为引火物。

美军士兵利用凸透镜取火

电池取火

　　除了上述源于古代的取火方法外，还可以利用一些常见的现代物品来取火。求生者如果能够找到电池，就可以把一条绝缘电线的一端连接到电池的正极，再把另外一条绝缘电线的一端连接到电池的负极。然后，把两条电线剩余的两端连接至一条没有绝缘层的电线。此时，这条没有绝缘层的电线就会发光发热，以此点燃引火物。另外，还可以使用锡箔纸代替电线。取火成功以后，应立即把电池挪到离火堆较远的地方，以免电池受热后爆炸。

电池取火

👉 枪弹取火

　　枪弹是军人最常见的随身物品之一，它也可以用来取火。具体做法为：取一枚枪弹，将弹丸拔出，倒出 2/3 的发射药，撒在干燥易燃的枯草或纸上，把弹壳空出的地方塞进枯草或纸，然后推弹壳入膛，将枪口贴近撒了发射药的引火物并射击，就可以点燃引火物。

枪弹取火

3.2.6 | 取火后的善后工作

 搭建火堆

在取火成功后，要在引火物上方使用木柴搭建火堆，使其持续燃烧。不同类型的火堆，具有不同的燃烧特点，求生者可根据需要选择合适的火堆类型。根据搭建方法的不同，火堆可以分为以下几种。

密林火堆

密林火堆，也称窝棚式火堆。将一根较粗的圆木两端用木柴或石块垫高，上面呈"人"字形斜搭较细的木柴和树枝，在背风面点燃。这种火堆燃烧面积大，会产生较多的木炭，可供几个人围火取暖，较适用于冬季无遮棚的露营。

星形火堆

星形火堆，也称放射式火堆。将 5 ~ 10 根圆木的一头并拢如星形，从中心点燃，然后一边烧一边把圆木向里推。这种火堆散发的热量大，燃烧时间长，可供几个人围绕着它在雪地上宿营。

框架式火堆

将木柴 90° 交互，搭成"井"字形框架，层层上叠，然后从底部点燃。这种火堆火焰旺盛、均匀，适合做饭、取暖。

长条形火堆

用两段约为人体长的圆木顺风叠放，边上打入湿木楔，防止圆木滑落，两木之间加撑子，留出空隙，以利燃烧。这种火堆燃烧时间较长，几乎无须调整，适于冬季露营时取暖。

👉 保存火种

无论使用哪一种取火方法，都需要付出较多的时间和精力才能成功。因此，在成功取火之后，必须想办法把火种保存起来，以便在下次生火时使用。这样一来，求生者就不需要每次都费力取火，也能保证自己在求生路上随时都能得到火的庇护。

如果能找到金属罐子，可在罐子里放入一些木炭，周围放入一些干燥的引火物，然后再覆盖一些潮湿的青草与树叶。为确保通风，在罐子周围可以扎一些小洞。如果找不到金属罐子，可以取一段较长的树皮，在上面放一把引火物，然后将树皮卷起来，并且分若干段牢牢捆扎好，做成存火卷。紧接着，将燃烧的木炭放入存火卷顶端，使火种能够保存起来。如果存火卷顶端冒出明火，需要将其熄灭。

3.3 | 获取盐分

3.3.1 | 盐的重要性

盐不仅是人类膳食中不可缺少的调味品，而且是人体中不可缺少的物质成分。从生理角度来看，盐对维持人体健康有着重要意义：盐在维持细胞外液的渗透压方面起着重要作用，影响着人体内水的动向；盐参与人体内酸碱平衡的调节，并参与胃酸的生成；盐在维持神经和肌肉的正常兴奋性上也有很大作用。

人体对盐的需求量为每人每天6克左右，盐分摄入过少或过多都不利于健康。如果人体长期缺盐，会导致低钠血症，引起疲惫乏力、恶心呕吐、头晕目眩、肌肉痉挛等症状。人体在极度缺盐时，可能会发生昏厥。

对于在野外生存的士兵而言，短期内可以不用考虑盐分摄入的问题，但如果长期得不到救援，或者需要较长时间养伤，便必须有意识地为自己补充盐分。要知道，人体出汗和排尿都会带走盐分，所以所处地区的气候越暖和，盐分的损失就会越多。另外，一些求生行动和长途跋涉也会增加人体对盐的消耗。只有定期在食物中添加一定的盐分，才能确保身体不会因缺盐而虚弱。

　　除了调味和满足机体需要外，盐在野外环境中还有许多作用。在野外活动，难免会被蚊虫叮咬，而有些人对叮咬会有过敏反应，导致叮咬处出现红肿、瘙痒等症状，这时用盐水涂抹患处，可以有效减轻不适症状。如果身处热带或亚热带丛林，往往会受到丛林蚂蟥的攻击，这种蚂蟥一旦吸附在人体上，不吸饱血液就不会离开，而且一旦吸附上，用刀都刮不下来（硬刮会导致蚂蟥残体留在人体内，感染的话会危及生命）。这时只需放一点盐在蚂蟥身上，它很快就会掉下来并化成水。

　　此外，在野外经常需要长时间徒步行走，很容易导致下肢出现肿胀现象，特别是脚部的肿胀会严重影响到行走能力。这时用适量热盐水泡脚，可以有效减轻肿胀症状。而在野外取火时，在火堆中加一些盐，可以有效增加火势，这在临时需要增强火力或求救时非常有效。

盐能有效对付蚂蟥

3.3.2 野外取盐方法

　　如果求生者没有随身携带食盐，就需要在野外自制食盐。如果身处海岸边或海上，可从海水中得到充足的盐分供给——1升海水里大约含有30毫克的盐。但是千万不能直接饮用海水，必须用大量的淡水将其稀释才可饮用。最好的方法是通过蒸发海水获得盐块晶体。如果能找到盐碱地，可将地里的盐用水溶解，然后取上层盐水晒干，或者用火烘干，最后取得的结晶物可以食用。

　　如果身处内陆地区，解决盐分问题就比较麻烦了。因为直接找盐很困难，所以可以尝试一些间接获取盐分的方法。动物血液中含有盐分和多种矿物质，在任何时候都不要随便抛弃。如果无法狩猎中大型动物，可以选择捕捉老鼠、青蛙、鱼类和蛇类等小动物。还有一种利用动物获取盐分的方法是跟踪大型食草动物，如大象、山羊等，这些动物本身也需要盐，而它们补充盐分的方法是定期到盐矿中舔食，跟踪它们可能会有所收获。如果看到它们进入山洞或者正在舔地面或岩石，这些地方一般都是它们的盐分补充地点。

菲律宾士兵和美国士兵在联合训练中尝试喝鸡血

有些植物也含有盐分。在北美洲，最好的盐分来源是核桃树的根；在东南亚，可利用聂帕棕榈的根。将树根放在锅中熬煮，直到所有水分都被蒸发，便会析出黑色的盐晶体。河流回水湾或迎风的河岸边，会有一些白色的泡沫，其中含有盐碱成分，可以将其蒸发后放入食用的菜里面。另外，也可以把水里的浮萍烤干，然后磨碎做汤喝，这样也能补充一定的盐分和微量元素。

在找不到盐分补充的情况下，可以考虑提取自己身上的盐分。人体每天都会通过汗水、尿液、粪便等排出盐分，虽然能够提取出来的盐分较少，但也不失为一种应急方法。汗水一般都会吸附在贴身衣物上，形成一层盐渍，这层盐渍暴晒之后用清水浸湿衣物，将拧下来的水放进容器，进行沉淀并加热蒸发，剩下最后一点的时候就是含有微量盐分的水。

在盐分短缺的时候，一方面要努力寻找盐分来源，另一方面要尽量避免剧烈运动，以免流汗后盐分大量流失。另外，要尽量避免在高温时段行走。

聂帕棕榈

第 4 章

植物采集和动物猎取

　　民以食为天，食物是保证士兵成功在野外生存下来的物质基础，一名合格的士兵必须学会在野外条件下如何依靠动植物生存下去。他不但要能分辨植物是否有毒，还要学会捕杀动物，掌握各种烹调技能和储存食物的方法。

4.1 | 重新认识食物

4.1.1 | 人体所需营养素

食物是指可供食用的、能够满足机体正常生理和生化能量需求并能延续正常寿命的物质。人类可以从各种各样的食物中获取所需的营养素，而这些营养素主要分为五类，即蛋白质、脂肪、碳水化合物、维生素、矿物质。这五类营养素都是人体所需要的，它们具有构成人体组织、为人体提供能量、预防疾病、抗氧化等功能。缺少任何一种营养素，达到一定的程度，都会让人患病。

蛋白质是维持生命不可或缺的物质。人体组织和各种器官由细胞构成，细胞结构的主要成分为蛋白质。机体的生长，组织的修复，各种酶和激素对体内生化反应的调节，抵御疾病的抗体的组成，维持渗透压，传递遗传信息，这些无一不是蛋白质在起作用。

脂肪是储存和供给能量的主要营养素。每克脂肪所提供的热能为同等重量碳水化合物或蛋白质的2倍。机体细胞膜、神经组织、激素的构成均离不开它。脂肪还起到保暖隔热，保护内脏、关节、各种组织，促进脂溶性维生素吸收的作用。

碳水化合物是为生命活动提供能源的主要营养素，任何碳水化合物到体内经生化反应最终均可分解为糖，因此也称为糖类。除供能外，它还能促进其他营养素的代谢，以及与蛋白质、脂肪结合成糖蛋白、糖脂，组成抗体、酶、激素、细胞膜、神经组织、核糖核酸等具有重要功能的物质。

维生素对维持人体生理功能具有重要作用，可增强酶的活力或为辅酶之一。维生素可分两类，一类为脂溶性维生素，即不溶于水而溶于脂肪及有机溶剂的维生素，包括维生素A、维生素D、维生素E、维生素K。脂溶性维生素可在体内大量储存，主要贮存于肝脏部位，无须每日提供，摄入过量会引起中毒。另一类为水溶性维生素，即能在水中溶解的一组维生素，包括维生素 B_1、维生素 B_2 和维生素 C 等。水溶性维生素不在体内储存，需每日由食物提供，由于代谢快不易中毒。

矿物质是人体主要组成物质，碳、氢、氧、氮约占人体总重量的 96%，钙、磷、钾、钠、氯、硫、镁约占 3.95%，其他则为微量元素，共有 41 种，常为人们所提到的有铁、锌、铜、硒、碘等。每种元素均有其重要的、独特的、不可替代的作用，各元素间又有密切相关的联系。矿物质虽不供能，但有重要的生理功能：构成骨骼的主要成分；维持神经、肌肉正常生理功能；组成酶的成分；维持渗透压，保持酸碱平衡。

对于营养的摄取并不是说只要有摄入就够了，人体每天摄入的各种营养素都有一个限定的范围。只有在这个范围之内，摄入的营养才能够得到最好的吸收与利用。人体每天所需要的五大营养素，在食物中都可以得到补充。人们日常食用的食物可以分为以下几大类：谷薯类、豆类、蔬菜、水果、肉类、海产品、乳类。这些食物中包含着人体需要的所有营养素，有些含有丰富的能量，如谷类、肉类；有些含有丰富的微量营养素，如蔬菜、水果。只要士兵每天保证合理膳食，就能够获取足够的营养以供身体吸收和利用。

丰富多样的食物是军人良好身体素质的物质基础

当然，这只是针对非作战状态的士兵而言，对于作战中尤其是孤身流落荒野的士兵来说，营养均衡往往只是一种奢求。在资源匮乏的荒野中，士兵往往只能勉强果腹。但这并不意味着可以完全忽略营养搭配，即便无法面面俱到，也应参考科学标准，尽可能采集或捕猎不同类型的野生动植物，以满足不同营养素的摄入需求。

人体每日所需营养素参考表		
营养素名称	每日推荐摄入量	参考来源
蛋白质	75 克	瘦肉、鱼肉、蛋、奶、豆类
脂肪	50 克	核桃、花生、肥肉、动物内脏、奶油制品
碳水化合物	占每日摄入总能量的55%～65%	米、面、薯类、豆类
维生素 A	800 微克	莲藕、西兰花、胡萝卜、菠菜、刺梨、哈密瓜
维生素 D	10 微克	深海鱼类、动物肝脏
维生素 E	14 毫克	谷类、坚果、绿叶蔬菜
维生素 C	100 毫克	西红柿、南瓜、猕猴桃、辣椒、胡萝卜
维生素 B_1	1.4 毫克	金针菇、山竹、大麦、豌豆
维生素 B_2	1.4 毫克	胡萝卜、杏仁、羊肝、猪腰、黑豆
维生素 PP	14 毫克	动物肝脏、动物肾脏、瘦肉、鱼类、坚果
钙	800 毫克	牛奶、豆类、虾皮、海带、坚果
镁	350 毫克	深色绿叶蔬菜、坚果、鱼类、香蕉
磷	700 毫克	口蘑、龙须菜、红薯、南瓜籽、葵花籽、猪肝
钾	2000 毫克	豆类、紫菜、银耳、牛肉、葡萄干
钠	2200 毫克	辣椒、腰果、虾皮、秋刀鱼、海参
铁	15 毫克	瘦肉、动物肝脏、鸡血
碘	150 微克	蛋、奶制品、海带、紫菜、带鱼
锌	15.5 毫克	大麦、黑豆、牡蛎、牛肉、口蘑
硒	50 微克	木耳、腰果、波罗蜜、猪腰、羊腰、牡蛎

鱼肉和蛋是重要的蛋白质来源

4.1.2 │ 野外的食物来源

在农业和畜牧业出现以前，人类主要依靠采集和狩猎获取食物，其生活要以野生植物和动物资源的多少为转移。对于流落荒野的士兵来说，如果事先没有准备足够的口粮，就只能像远古人类一样通过采集野生植物和狩猎野生动物来获取食物。

植物是很重要的食物来源，尽管它们可能无法提供均衡的营养物质，但是可以维持人的体力，即使是在气候恶劣的北极地区。很多植物类食物，例如，坚果、种子等，能够提供足够的蛋白质。植物的根部、绿色部分等都含有天然的糖分，能供应卡路里和碳水化合物，提供身体必需的能量。

如果士兵在躲避敌人，或者身在一个野生动物缺乏的地区，植物的食物价值会变得越来越重要。可以用风、空气、阳光或者火使食物变干，延长它的保质期，这样就可以储存并随身携带，需要时就可以食用。通常情况下，获得植物类食物要比获得动物类食物容易，也安全得多。这点在敌人就在附近的情况下尤其重要。

　　当然，野外生存只食用植物类食物是远远不够的，因为户外运动会消耗大量体能，需要补充蛋白质和脂肪。动物类食物比植物类食物更有营养，在一些特定的地方，动物类食物也比植物类食物更容易获得。不过，要获得动物类食物，必须先了解各种野生动物的习性以及如何捕捉它们。

美军士兵在向泰军士兵学习丛林求生技巧

美军士兵在训练中食用蝎子

美军士兵在野外生存训练中生食蛇胆

美军士兵在泥土中寻找昆虫作为食物

4.2 | 植物类食物的采集

4.2.1 | 野菜

野菜就是非人工种植的可以食用的植物，靠风力、动物等传播种子自然生长。对于在野外生存的士兵来说，野菜是绝佳的食物，它的获取难度较低，却具有清新的口感和丰富的营养。由于很多野菜具有药用价值，士兵不仅能用它们来填饱肚子，还能调养身体。在盛产野菜的春季，士兵的求生行动将更加顺利。常见的野菜有苦菜、蒲公英、荠菜、堇菜、大蓟、蕨菜、淡竹叶、蔊菜、马齿苋、莼菜等。

苦菜是菊科植物苦丁菜的嫩叶，别名天香菜、茶苦荬、甘马菜、老鹳菜、无香菜等。长叶片，尖部略圆，边缘有齿牙。齿牙大小因品种不同而略有差异。表面绿色，背面灰绿色，花色鲜黄。苦菜中含有丰富的钾、钙、镁、磷、钠、铁等元素。苦菜具有清热、消肿、化瘀解毒、凉血止血等功效。苦菜生吃略带苦味，用开水烫一下制熟，苦味可除。

蒲公英属多年生草本植物，广泛分布于世界各地，而且全株均可食用。在野外求生环境中，绝大多数有白浆的植物都具有刺激性且不可食用，唯独蒲公英是个例外。蒲公英的药用价值也很高，中世纪的欧洲人曾用它来解毒，《本草纲目》中也记载它的别称为"尿床草"，足见其利尿功效。

荠菜又名菱角菜、东风荠、护生草、地菜、地米菜，属十字花科植物荠菜的全草，在世界各地都很常见。荠菜营养丰富，其氨基酸的含量居各类蔬菜之冠，还含有胡萝卜素、维生素 C、维生素 E 以及磷、钾、钙、铁、锰等人体需要的矿物元素。

堇菜是多年生草本植物，既有水生种，也有陆生种，多生长于湿草地、山坡草丛、灌丛、杂木林林缘、田野、宅旁等处。长茎上长着心形叶，花较小，有蓝紫色、黄色或白色等。花瓣有五片，大小不等。嫩叶可烹食，富含维生素 A 和维生素 C。

大蓟又名野刺菜、鸡脚刺、牛口舌等，多年生宿根草本，茎高约 100 厘米，被白软毛。叶互生，有不等长浅裂和斜刺。头状花序，单生枝头，花紫红色，花期为每年 5～6 月、6～8 月结果。嫩叶和根都可以食用，根所含营养成分较叶丰富。

蕨菜又名龙头菜、吉祥菜、龙爪菜、锯菜、乌糯、薏草等，2～3 月发芽，卷曲状如小儿拳，长则展开如凤尾。蕨菜的营养价值很高，含有多种维生素和矿物质。春天可采摘卷曲的嫩茎叶做菜，也可开水焯后晒干备用。

淡竹叶为多年生草本植物，高 40～110 厘米。茎秆丛生，须根稀疏，某些须根的顶端或近顶端处常膨大成纺锤状的贮藏根。叶呈广披针形，有短柄，具明显小横脉，叶身长 5～20 厘米，宽 1～3 厘米，先端锐尖，基部楔形或近于圆形，叶舌边缘有毛。淡竹叶的块根含有淀粉质，可加水煮食。叶片晒干后，可代茶叶饮用。

蕺菜又名鱼腥草、侧耳根，其根茎发达，喜温暖潮湿环境，在地下匍匐生长，全株具有强烈腥臭味，只要轻轻碰触，便立即散发出来。叶片互生，呈心形，托叶下部与叶柄合生成鞘状。蕺菜的各个部位均可食用，春、夏季采摘嫩茎叶，秋冬挖掘地下茎。

马齿苋为一年生草本植物，茎多分枝，基部横卧地上，花枝倾斜向上，一般株高 10～20 厘米；茎叶肥厚而呈肉质性，常带紫红色，几乎全株光滑无毛。叶互生或对生，长椭圆状卵形或匙形。马齿苋的茎叶可以食用，炒制或凉拌前宜先用沸水焯烫。

莼菜为多年生草本植物，根茎横行泥中。茎细，长 1 米以上，沉浸水中。叶互生，有细长叶柄。叶片浮出水面，卵形至椭圆形，上面绿色，下面紫色。叶脉放射状。茎、叶上有黏液。莼菜富含氨基酸且多糖，夏季可采茎叶做菜。

除上述野菜外，世界各地还广泛分布着其他可以食用的野菜，如野苋菜、刺儿草、扫帚菜、芦苇、青苔、野慈姑、鸭胚草、天门冬、木莲、火炭母草、夏枯草、虎耳草、荇菜、车前草、野葱、黄鹌菜等。这些野菜的生长习性各不相同，士兵可根据实际情况选择自己认识的野菜进行采摘。

苦菜　　　　　　　　　　　蒲公英

荠菜　　　　　　　　　　　堇菜

大蓟

蕨菜

淡竹叶　　　　　　　　蕺菜

马齿苋　　　　　　　　莼菜

4.2.2 | 野果

野果通常分为鲜果和坚果两类，鲜果一般富含糖分和维生素，而坚果是植物的精华部分，一般都营养丰富，含蛋白质、油脂、矿物质，维生素含量较高。常见的可食野果有椰子、木瓜、山葡萄、蓝莓、蓝靛果、茅莓、沙棘、桑葚、松子、榛子等。

椰子是棕榈科椰子属植物，植株高大，乔木状，高 15～30 米，茎粗壮，有环状叶痕，基部增粗，常有簇生小根。叶柄粗壮，花序腋生，果卵球状或近球形。花果期主要在秋季。椰汁及椰肉含大量蛋白质、果糖、葡萄糖、蔗糖、脂肪、维生素 B_1、维生素 E、维生素 C、钾、钙、镁等元素。

木瓜为蔷薇科木瓜属，灌木或小乔木，高 5～10 米，叶片椭圆卵形或椭圆长圆形，长 5～8 厘米。果实为长椭圆形，长 10～15 厘米，暗黄色，木质，味芳香，果梗短。花期为 4 月，果期为 9～10 月。

山葡萄为木质藤本植物，小枝圆柱形，无毛，嫩枝疏被蛛丝状绒毛。叶阔卵圆形，长 6～24 厘米，叶柄长 4～14 厘米。种子倒卵圆形，顶端微凹，种脐在种子背面中部呈椭圆形，两侧洼穴狭窄呈条形，向上达种子中部或近顶端。花期为 5～6 月，果期为 7～9 月。

蓝莓属杜鹃花科越橘属植物，起源于北美，又名笃斯、甸果、地果、龙果等。野生蓝莓为低灌木，果实颗粒小，含有丰富的营养成分。

蓝靛果为忍冬科植物，又名黑瞎子果。幼枝有长、短两种，有硬直糙毛或刚毛，老枝棕色，壮枝节部常有大形盘状的托叶。叶矩圆形、卵状矩圆形或卵状椭圆形，外面有柔毛。复果为蓝黑色，椭圆形至准圆状椭圆形，花期为 5～6 月，果期为 8～9 月。

茅莓属蔷薇科，落叶小灌木，生于海拔 400～2600 米的山坡杂木林下、向阳山谷、路旁或荒野。果实为卵球形，直径 1～1.5 厘米，红色，无毛或具稀疏柔毛。花期为 5～6 月，果期为 7～8 月。

沙棘是一种落叶性灌木，其特性是耐旱、抗风沙，可以在盐碱化土地上生存。果实为圆球形，直径 4～6 毫米，橙黄色或橘子红色。沙棘的根、茎、叶、花、果,特别是沙棘果实含有丰富的营养物质和生物活性物质,素有"维生素 C 之王"的美称。

桑葚是桑树的成熟果实,又名桑蔗、桑枣、桑果、乌椹等。桑葚初熟时为绿色,成熟后变黑紫色,或红色,或白色,种子小。花期为 3 ~ 5 月,果期为 5 ~ 6 月。桑葚中含有丰富的活性蛋白、维生素、氨基酸、胡萝卜素、矿物质、白藜芦醇、花青素等。

松子又名松实、果松子、海松子,是松科植物红松等的种子,是常见的坚果之一。松子富含脂肪、蛋白质、碳水化合物等营养素。

榛子又名山板栗、尖栗或榛子,为桦木科榛属落叶的灌木或小乔木,一般高 1 ~ 7 米。榛子分布很广,亚洲、欧洲及北美洲的温带均有分布。榛子果实味道好,富含蛋白质、脂肪和淀粉,还含有维生素 A、维生素 B、维生素 E 以及铁、钙等矿物质。

木瓜

除上述野果外,世界各地还广泛分布着其他可以食用的野果,如火把果、桃金娘、胡颓子、乌饭树、余甘子、树莓、刺角瓜、红毛丹、枳椇、佛手橘、白果、香榧等。

榛子

美国海军陆战队士兵在取食椰肉

菲律宾士兵向美军士兵介绍椰子的食用方法

菲律宾士兵正在料理野果

4.2.3 | 海藻

海藻是指生长在潮间带及亚潮间带肉眼可见的大型藻类，通常包括绿藻、褐藻及红藻三大类。在古代中国和日本就有利用海藻作为食物的证据，古医典包括《本草纲目》《本草经集注》《海药本草》《本草拾遗》等，都有用海藻治疗各种疾病的记载。时至今日，还没有因食用海藻而中毒身亡的报道。因此，海藻是相对安全的野外给养食物。海藻中的许多种类都可以食用，如海带、紫菜、裙带菜、石花菜等。

海带是一种在低温海水中生长的大型海生褐藻植物，其营养价值很高，同时具有一定的药用价值。海带叶片一般长 2～5 米，宽 20～30 厘米（在海底生长的海带较小，一般长 1～2 米，宽 15～20 厘米）。海带含热量低、蛋白质含量中等、矿物质丰富（尤其是碘），适用于拌、烧、炖、焖等烹饪方法。

紫菜外形简单，由盘状固着器、柄和叶片三部分组成。叶片是由一层细胞（少数种类由两层或三层）构成的单一或具分叉的膜状体，其体长因种类不同而异，自数厘米至数米不等。紫菜含有叶绿素、胡萝卜素、叶黄素、藻红蛋白、藻蓝蛋白等色素，因其含量比例的差异，致使不同种类的紫菜呈现紫红、蓝绿、棕红、棕绿等颜色，但以紫色居多，紫菜因此得名。紫菜多生长在潮间带，喜风浪大、潮流通畅、营养盐丰富的海区。

裙带菜又名海芥菜，在欧美一些国家经常被称为"海中的蔬菜"。叶绿呈羽状裂片，叶片较海带薄，外形像大破葵扇，也像裙带，故取其名。裙带菜不仅含有丰富的蛋白质、维生素和矿物质，还含有褐藻酸、甘露醇、褐藻糖胶、高不饱和脂肪酸、岩藻黄素、有机碘、膳食纤维等多种具有独特生理功能的活性成分。

石花菜又名海冻菜、红丝、凤尾等，其分布很广，属于世界性的红藻。石花菜属于喜阴性植物，生长在干潮线以下和水深 10 米以内的海底岩石上，尤其是水质清净、潮流畅通、盐度较高的海区。石花菜含有丰富的矿物质和多种维生素，口感爽利脆嫩。

无论采集哪种海藻，士兵都应尽量选择那些生长良好、附着紧密的上品，而不要捡那些被潮水冲上岸来的次品。海藻采集后要尽快食用，或者晾干保存。离开海水后若不及时晾干，所有海藻都会很快腐烂。

　　尽管海藻无毒，但有些品种含有机酸，会刺激消化道，引起严重腹泻。在无法确定所选海藻能否食用时，可以用手指捻碎一小块藻叶，放置几分钟，含有刺激性藻酸的藻类会释放出让人不舒服的气味。所有闻起来有异味、很难闻的海藻都不能食用。即使是能够食用的海藻，每次也尽量少吃一些，直至自己的肠道适应。如果缺少淡水，最好不要食用海藻。如果条件允许，可将它们先放在淡水里清洗，以除去部分盐分。

海带

紫菜

裙带菜

石花菜

4.2.4 | 蘑菇

　　蘑菇广泛分布于世界各地，有36000多种。尽管不同种类的蘑菇在外形上差异较大，但它们基本都是由菌丝体和子实体两部分组成，菌丝体是营养器官，子实体是繁殖器官。蘑菇的子实体在成熟时很像一把撑开的小伞，由菌盖、菌柄、菌褶、菌环、假菌根等部分组成。

　　对于在野外生存的士兵来说，蘑菇是不可多得的上等食物。蘑菇营养丰富，富含人体所需的氨基酸、矿物质、维生素和多糖等营养成分。蘑菇在多种环境中都可生长，因此很容易获取。森林、树林是蘑菇理想的生长地。树林是所有蘑菇生长地中产量最高的地方，由于树种的不同，蘑菇的产量也不同，形态和种类也不同；在林缘地区，常常有成片的杂木林和灌木丛，它们也是蘑菇生长的理想地方，这里生长的蘑菇采集起来容易，且生产羊肚菌。草原是一个蘑菇种类较少而且固定的地方，通常盛产口蘑、鬼伞等真菌，基本上都可以吃，偶尔会生长有毒种类。蘑菇在这里生长，往往会形成蘑菇圈。篱笆、朽木是一个生产木腐菌的地方，往往会在雨后长出肥硕的木耳、香菇等木腐菌，它们若不及时采摘，有的会被太阳晒干，有的会萎缩，待雨后再吸水膨胀，继续长大。此外，粪堆上也会长蘑菇，但通常都是毒蘑菇，仅有少数几种可以药用。粪堆上的蘑菇由于粪臭味，很少有人会采集，它们大多数是致幻菌类，不能食用。

按照生长地点，蘑菇可以大致分为树生蘑菇、地生蘑菇两类。树生蘑菇生长在树干或树桩上，个体常较大，羽状，无毒，分布广。常见的树生蘑菇有牛排真菌、多孔硫菇、鳞多孔菇、胸膜牡蛎菇、蜜黄环菇等。地生蘑菇生长于地面土壤中，种类很多，有些种类毒性非常大。常见的地生蘑菇有鸡油菌、号角菇等。

牛排真菌常生长在橡树上，顶盖鲜红，肉茎紫红色，圆盖形似一条大舌头，红色菌帽含鲜红汁液，菌肉粗糙，略有苦味，幼菌味道更好。常出现于秋季。

多孔硫菇的菌帽直径为 30 ～ 40 厘米，菌盖亮橙黄色至黄色。海绵样组织黄色多肉。多生长于阔叶乔木上，尤喜橡树及其他常绿林。多在夏季出现。

鳞多孔菇的菌帽直径达 60 厘米，常群生。菌盖背面有黑色条斑，腹面白色。随之生于落叶乔木之中，尤喜榆树、山毛榉。春、秋两季都能见到。

胸膜牡蛎菇为群生，贝壳状菌帽，直径为 6 ～ 14 厘米，白色菌褶，菌肉也为白色，常年分布于阔叶乔木上。

蜜黄环菇拥有绛黄色或棕色菌帽，直径为 3 ～ 15 厘米，白色菌褶，成熟时逐渐变成棕色。菌肉白色。带状菌根。常分布于阔叶乔木和针叶木上。春、夏、秋季都可以见到。

鸡油菌为杏黄或卵黄色漏斗形菌株，直径为 3 ～ 10 厘米。外展折叠的菌褶也为黄色。集群生于树荫下，尤喜山毛榉林。夏季出现。

号角菇拥有号角或漏斗形的外表，菌帽边缘粗糙，下塌，呈棕黑色，直径3～8厘米，手感光滑。茎干灰色条形。菌株常分布于阔叶林中，尤喜秋季时节的山毛榉林。

蘑菇富含水分，但也易于晾干。在供应量充足时，尽可能多采集一些，贮存备用。先分开茎干与菌盖，放在干燥岩石上晒干，菌盖可腹面朝上晾晒。对于牛肝菌属真菌来说，要先除去菌盖下的海绵组织。彻底晾干后，尽可能放在隔绝空气的密闭容器里。生吃前先放入水中浸泡以除去膻味，最好是加入汤中煮沸。

牛排真菌

多孔硫菇

鳞多孔菇

胸膜牡蛎菇　　　　　　　　　　蜜黄环菇

鸡油菌　　　　　　　　　　　　号角菇

4.2.5 | 植物类食物的烹饪

在可食用植物中，有一部分是可以生吃的，但必须冲洗干净。如果植物生长的水源或者用来清洗植物的水源是被污染的，那么植物表面也会受到污染，所以如果要吃生的植物，一定要用可饮用的水冲洗干净。

尽管有些植物可以生吃，但是有些必须烹饪一下才能食用。改善植物类食物的口味有以下几种方法：浸泡、沥滤（沥滤时，要将植物捻碎并放入过滤器中，然后浇入沸水）、煮半熟或者其他更复杂的烹饪方法。

叶子、茎秆、芽，可以放入水中煮，直至变软，多煮几次有助于去除苦味；根、茎部分，可以煮、烘或者烤。煮沸可以去除一些有害物质，如酢浆草的酸味结晶；橡树果、莲子这样的坚果可以放入水中浸泡或者沥滤去除苦味，而栗子尽管可以生吃，但是烤一下或者蒸一下味道会更好；谷物、种子，炒一下会使之味道更佳，或者磨成粉，可以作为汤或者炖菜的增稠剂，也可以用来做面包；一些植物的汁液中含有糖分，可以煮去其中的水分来获得糖；坚硬的、有厚外壳的果实可以烘烤一下再吃，多汁的果实可以煮。

在求生环境中，士兵可能需要临时制作炊具来烹调食物，而烹调的方式和在自家厨房烹调一样——煮、煎、焙、烘、蒸、烤等。

煮是最好的食物烹调方法之一，因为可以留住食材汁液中的盐分和养分。很多野生植物的草酸盐含量很高，草酸盐通常会使人的嘴里产生强烈的灼烧感，而且对肾有不好的影响，煮一煮通常会破坏植物中的草酸盐。如果没有金属容器来煮食物，可以用一块有洞孔的石头，或者找一段中空的木头，将食物和足够的水放入木头的洞中，将木质容器置于火的上方，然后将滚烫的石头放到食物中，等石头凉了之后取出，再接着放其他滚烫的石头，直至食物煮熟。需要注意的是，不要用潮湿的石头，例如，溪流中或者其他湿地里的石头，因为它们很可能会爆炸。其他可用于煮的容器有树皮、椰子壳、海贝、龟壳、剖开的竹子，甚至用动物的胃或者皮做成的袋子。

如果确实没有煎锅，可以用石头煎炸食品。将一块平整、中间微凹的石头放在火上面，等石头热了之后，将油和食物放在上面加热直到煎熟为止。

对于坚果和谷物来说，焙是最好的选择。将坚果或谷物放在一个容器中，或者放在一块石头上，慢慢加热，直到坚果或谷物表面变焦为止。

烘是将植物放在一个烘箱里，用中火慢慢烘烤。一般做法是在地上挖一个坑当作临时烘箱，坑中放入一些烧着的木炭，然后将食物和水放入一个密封的容器中，也可以用树叶或黏土将植物包起来，再将容器放在坑里面，并在容器上盖上一层烧着的木炭和一层薄薄的土。另一种做法是在坑里面铺一层干燥的石头，然后生火，等烧完之后，把灰烬拨开一个小坑，再把容器放入灰烬中埋好。此外，也可以用岩石类的烤炉来烘烤食物。先用一块石头做底，然后在周围竖四块石头做炉壁，再用一块足够大的石头盖住顶部。沿着底座石头的边放一圈烧着的木炭，然后把食物放在底座上，通过不断增加、取出木炭，可以使温度大致保持恒温。

烹饪海鱼或者其他一些需要稍微煮一下的食物，如车前草、青香蕉等，蒸是最好的方法。蒸也需要挖一个坑。可用大的叶子或苔藓包住食物，在已经铺好了木炭的坑里先放一层包好的食物，然后铺一层叶子或苔藓，这样食物层和叶子或苔藓层相替交换，直到将坑填满。插一根棍子使之穿过食物层和叶子或苔藓层，然后用更多的叶子或土尽量填满坑，然后拿出棍子。这是一种虽然慢但非常有效的烹饪方法。

烧烤需要使用烤叉，多用于烹饪肉类食物，也有少数植物类食物可以采用这种方法。将要烤的食物穿在没有毒的棍棒上，然后放到火上烤，直至烤熟为止。

用水煮熟的番薯和野蕉

美军士兵在割取植物茎干

美军士兵利用铁板烙饼

4.2.6 | 鉴别不能吃的植物

采食野生植物最大的问题是鉴别其是否有毒。世界上的植物种类繁多，很难辨识哪些植物能吃，哪些植物不能吃。一些植物营养丰富，而有些植物有毒性，食用后会致人死亡。同种类的植物可能因不同的生长环境及基因的因素而毒性不同。普通花椒果的叶子就是一个例子，有些花椒果的氰化物含量很高，有些则含量很低。对植物类食物的反应因人而异，有些人容易产生

美国海军陆战队士兵使用竹筒煮米饭

美国海军陆战队士兵在吃鱼肉和米饭

胃部不适。如果士兵在这方面比较敏感，应尽量避免食用不认识的野生植物。如果士兵对毒叶藤极为敏感，那就应该避免食用同一属科植物制成的食品，如漆树、栌果以及腰果制成的饮料。

在无法对食物用科学的方法进行检验时，可以通过一些规律来判断植物的可食用性。有毒植物通常有以下几个特点：特殊形态和色彩，如天南星的茎有斑纹；分泌带色的液体，如毛茛、灰灰蒜和自屈菜在损伤后分泌浓厚黄液体；具有不良的味觉或嗅觉，如苦参、臭梧桐等。

一般来说，白色或黄色浆果类植物均有毒性，有一半的红色浆果类植物可以食用，而蓝色或黑色浆果类植物几乎均可食用；有些植物的茎部只结有一颗果实，这类植物通常可以食用；不要食用任何带有乳白色奶状液汁的植物；不要食用野生的大豆、豌豆；不要食用对皮肤有刺激作用的植物；不要食用那些已经被昆虫咬过的植物；不要捡那些已经落在地上的植物，因为可能含有霉菌；要尽量采集新鲜的种子、果实或者叶子。

可以食用的蓝色浆果类植物

士兵可以通过可食性标准试验更准确地判断植物的可食用性，它的主要原理是逐渐尝食植物，观测身体是否有不良反应，最终确定植物是否可以食用。这种试验的主要步骤如下。

（1）做试验时一定要空腹，首先切下植物的一小部分，将其放于手腕上来回揉搓后静候15分钟，观察皮肤有何反应。无毒的植物通常不会使手上皮肤产生发痒、发红、起风疹块等刺激症状。如折断枝、叶也不会有牛奶样汁液流出，闻之亦无腐败及其他使人感到怪异的气味。

（2）将植物的一小部分放于嘴唇外沿，观察有何反应。

（3）放一小片植物于口中，用舌头舔尝后静候15分钟，如无不良反应则将其充分咀嚼，再等15分钟以观察有何反应，如果没有任何不良反应，继续进行下面的步骤。

（4）吞咽一小块植物，看是否有不良反应。如果感觉难受，赶快把东西吐出来，然后大量饮水；如果仍感觉良好，接着做下面的试验。

（5）吃少量的植物，再静等 24 小时，如果仍然没有不良反应，就能确定这种植物可以食用。

除了上述方法外，还可以通过观察哺乳类动物所食用的植物种类，以分辨哪些植物能够被人食用。像老鼠、兔子、猴子、熊等吃过的植物一般可以食用。鸟类可以食用的植物，人不一定能够食用。此外，有的植物原本无毒，但它在加热的情况下会发生化学反应，从可食用植物变成有毒植物。还需要牢记的是，植物类食物吃得太多可能会引起腹泻或腹部绞痛。例如，青苹果和大量新鲜浆果就很容易导致这种问题。即使你已经检验了食物是安全的，也要适量地吃，并且和其他食物同吃。

美国陆军士兵在训练中试吃植物

4.3 | 动物类食物的猎取

4.3.1 | 昆虫

昆虫作为人类食物的历史源远流长，世界上的许多国家和地区，都有食用昆虫的习惯。据不完全统计，我国各地作为食物食用的昆虫有数十种。

昆虫不仅含有丰富的有机物质如蛋白质、脂肪、碳水化合物，无机物质如各种盐类，钾、钠、磷、铁、钙的含量也很丰富，还有人体所需的游离氨基酸。根据资料分析，每100毫升的昆虫血浆含有游离氨基酸24.4～34.4毫克，远远高出人血浆的游离氨基酸含量。昆虫体内的蛋白质含量也极高，烤干的蝉含有72%的蛋白质，黄蜂含有81%的蛋白质，白蚁体内的蛋白质含量比牛肉还高，100克白蚁能产生500卡热量，而100克牛肉却只能产生30卡热量。

除了营养丰富外，昆虫还具有世代短、繁殖快、容易获取等特点。当士兵的口粮消耗殆尽之时，昆虫往往是首选食物。不过，由于昆虫并非日常生活中的常见食物，所以大部分人都很反感吃昆虫。为此，许多国家的特种部队都会针对这一点进行专门的训练，以此帮助士兵克服心理障碍。

可食用的昆虫种类很多，士兵可以根据所处环境选择一些较易获取、口感较好的品种，采用手捕、网罩、挖洞、掏洞等方法进行捕获。吃昆虫时，可根据当时自己的条件，选择烤、烧、炒、煮、炸等不同的烹调方法。

蜂类的成虫、幼虫和蛹均可食用，包括胡蜂、黄蜂、蜜蜂等。找到蜂巢后，可先用火烧死成虫，再收集幼虫和蛹。为了避免被蜇伤，收集蜂类要选在夜间进行，多准备几支火力猛烈的火把，或提前用烟熏，同时将自己的头、手用厚衣服或其他物品保护起来。

蝗虫（包括蚱蜢）的成虫和幼虫均可食用，可用带树叶的枝条扑打，或用塑料薄膜平铺在地上将蝗虫驱赶到薄膜上，因薄膜光滑，蝗虫无法逃跑，易于捕捉。需要注意的是，蝗虫可能带有寄生虫，必须彻底烹熟后食用。另外，不要吃蝗虫的大腿，因为上面长有倒钩，可能会卡在喉咙里。

白蚁分为树栖和地栖两大类型，树栖的白蚁体色纯白，食用时没有异味。而地栖白蚁多为棕褐色，食用时有一点怪味。白蚁的成虫和卵均可食用，可在找到蚁穴后掘取。

蚂蚁的成虫、幼虫、蛹、卵均可食用，可寻找蚁穴掘取，也可用食物诱捕。需要特别注意的是，蚂蚁中臭蚁科的种类有毒，不可食用。臭蚁个体小，尾部上翘，有异味，易与其他蚂蚁区别。蝉的成虫可以食用，可用树枝扑打或用胶杆粘。在我国南方一些山野的河滩边，有时会见到饮水后死亡的蝉大量聚集在一起，可以收集。

蜻蜓的成虫、幼虫均可食用，成虫用树枝扑打，或用胶杆粘，也可用网捕。幼虫用网具在水中捕捞。

天牛的幼虫可以食用，幼虫生活在木材里，蛀木为生，可选择多虫眼的枯树枝将其划开，寻找幼虫。

竹虫的成虫、幼虫均可食用，成虫可用手直接捕捉，幼虫需要砍开竹笋或竹筒再收集。

龙虱的成虫、幼虫均可食用，可用网具在池塘、河流里捞取。

螳螂的成虫、幼虫均可食用，可用手直接捕捉。另外，螳螂卵也可食用。

石蚕的幼虫可以食用，其幼虫生活在溪流中，用丝将几块石头粘在一起构成栖身之处，可徒手在水中捞取石蚕的石窝，捉取幼虫。

负子蝽的成虫可以食用，可用网具在水中捕捞。

蝼蛄的成虫可以食用，可徒手捕捉，或在夜间利用灯光引诱。捕捉后用开水将其烫死，再换水反复清洗去掉土腥味，然后放入锅中煮食、炒食。此外，也可用竹签穿起来用火烤食。

蟋蟀的成虫可以食用，可徒手捕捉，或用树枝扑打。

螽斯又名蝈蝈，其捕捉方法与蟋蟀相似。

蛾类的幼虫体表多长毛，外貌丑陋，一般多选择吃蛹。蝶类的蛹均能食用，幼虫较蛾类幼虫而言，大多数种类不长毛，也可食用。

蜂蛹

美军士兵正在挖掘泥土中的昆虫

美国海军陆战队士兵在训练中试吃昆虫

美国陆军士兵在训练中试吃昆虫

美国海军陆战队士兵在训练中吃蝉

4.3.2 | 鸟类

所有的鸟类都是可以食用的，它们喜欢聚集在栖息地，野外求生的士兵可以在森林和丛林边缘、林中小径、林间空地、河流两岸、湖边、海边等地找到它们。鸟类的进食、睡眠、饮水以及活动很有规律，观察它们的习性、活动，就可以预见它们的行为，这可以帮助士兵成功猎杀或诱捕它们。

鸟类没有嗅觉，但是它们的视觉和听觉特别敏锐，所以很难在毫无准备的情况下捉到它们。鸟类逃离人类可能性最小的时候就是它们坐窝的时候。知道不同鸟类都在哪儿坐窝、何时坐窝，会使捕捉它们更加容易。坐窝期间，如果周围环境没有受到大的干扰，鸟会经常回到巢穴，并且很有规律。如果捕食者有耐心，可以在它们坐窝的时候捕捉它们。事实上，在它们孵蛋或喂食幼鸟时，甚至可以徒手抓住它们。当然，最好的办法是使用套索。捕食者要利用草木隐蔽起来，并保持安静，一直等到鸟回来，用套索套住它的头，然后迅速拉回套索。对于那些将巢筑在中空的树中的鸟类，可以将它们堵在里面，或者趁它们进出时用套索套住它们。如果要捕捉攻击性较强的鸟类，则需要准备木棍防身。

对于将巢筑在树上的大型鸟类，还可以用脚踩，用套索套，或者用棍棒打。对于水禽、鸽子等习惯成群栖息和活动的鸟类，可以用流星锤或 $48 \sim 60$ 厘米的投棒去袭击鸟群。在海边，有时可以捕捉到滨鸟和食鱼鸭。捕捉时，把一条鱼穿在鱼钩上做诱饵，再将鱼放在海边或放入水中。当然，也可以用套索或罗网捕捉海边的鸟类。

如果找不到鸟巢，最好仔细观察鸟类的飞行路线和栖息地。一些鸣鸟每天的飞行路线是一样的，需要在黄昏时观察它们飞往鸟巢的路线。找到它们的飞行路线之后，就可以在途中布网来捕捉它们。也可以找到它们栖息巢所在的树，在旁边用两根竿子支起一张网，然后从另一边惊吓它们，这样它们会飞到网里面，被网缠住。此外，捕食者也可以用栖木圈套捕捉鸟类。在一树枝或任何其他水平横木上放几个轻的栖木绳圈，将绳圈交叠放置。在树枝或横木上布置好诱饵，当鸟落下来时，它的脚会落入圈套中。一只被捉的鸟经常会引来其他鸟，尤其是黑鸟（雀形目拟椋鸟科鸟类）。

菲律宾士兵正在演示套索捕鸟

如果捕食者擅长射击，也可以使用弓箭、弹弓或梭镖捕杀鸟类。除了鸟肉，鸟蛋也是不错的食物。新鲜的鸟蛋是可以吃的，即使里面有胚胎。许多在地面坐窝的鸟类，如松鸡、火鸡、野鸡以及水鸟等，要等到生了一窝蛋之后才会开始孵化。所以可每隔几天去取一次蛋，但是要留下两三个，这样至少有一个星期会不断获得新鲜的鸟蛋。注意千万不要破坏鸟窝，也不要拿走所有的蛋，因为这样会让雌鸟放弃这个窝。如果想保证蛋的来源，不要在雌鸟坐窝期间杀死它。

美国海军陆战队士兵学习布设套索陷阱

泰国士兵在宰杀鸟类

鸟蛋是营养价值极高的食物

4.3.3 | 鱼类

在靠近河流湖泊的地方，鱼类无疑是最理想的食物。而在淡水动物中，鱼类大概是最难捕捉的。不过，如果捕食者知道在何时、何地以及如何捕鱼的话，即使没有现代化的捕鱼工具，还是可以捕到鱼的。

有些鱼是有毒的，毒或来自鱼肉中的生物碱，或来自它们吃的有毒食物。如何辨别有毒的鱼没有确切的办法，有些毒鱼外皮光滑，有些则皮肤粗糙，表面没有真正的鱼鳞，而是脊刺林立。有些毒鱼遇到干扰时会膨胀。远海很少有毒鱼，毒鱼一般生活在岩礁或珊瑚礁、泥质或沙质岸附近。常见的毒鱼有河豚、刺海猪、角鱼、刺鱼等。此外，不要吃在岩石、圆木或礁石上发现的丛状或簇状鱼卵，因为有的鱼本身无毒，它的鱼卵却有毒，例如，杜父鱼的鱼子就有剧毒。

美味营养的鱼肉是野外生存时的绝佳食物

钓鱼

鱼钩和鱼线很容易制作，而且在靠水的多数地区，鱼饵也很容易找到。捕食者可以用大头针、缝衣针、金属线、小钉子或者其他任何金属品制作鱼钩，也可以用木头、椰子壳、骨头、荆棘、燧石、海贝、海龟壳等制作鱼钩，或者将这些东西组合起来制作鱼钩。至于鱼线，可以用吊绳来制作，也可以用植物纤维或者衣物中的纤维来制作。树的内皮是最好用的纤维之一。用纤维做鱼线的步骤如下：将两根线的一端结在一起，结一定要牢固。一手拿一根线，按顺时针方向拧，然后将拧好的两根线按逆时针方向搓在一起。如果需要，可以增加纤维以增加鱼线的长度。

一般来说，鱼会咬那些和它们生长于同一环境中的饵食，因此可以在靠近岸边的水里寻找螃蟹、鱼卵以及小鱼等，也可以在岸上寻找蠕虫和昆虫来当鱼饵。捕到鱼之后，可以剖开鱼的胃和肠子，检查一下它吃什么东西，再试着找一份相同的食物来做诱饵。此外，还可以用羽毛、颜色鲜亮的布、发亮的金属或贝壳来做人工诱饵。

　　钓鱼的工具准备好以后，便需要选择合适的钓鱼时间和地点。钓鱼的最佳时机通常是黎明、黄昏、暴风雨前、月圆或月亏的夜晚。鱼儿不停地跳出水面表明它们需要进食了，这时也是钓鱼的好时机。而在选择钓鱼地点时，要考虑到水域、水域所在地区、季节以及时间等诸多因素。在湖泊或比较大的溪流里，鱼在清晨和夜晚喜欢靠近河岸或浅水区域；溪流里的鱼经常聚集在水坑或深而平静的水流中、浅滩或小湍滩的底部、水槽尾部、岩石或圆木下面的旋涡中、河岸深陷处、悬于河面的矮树丛投射的阴影处以及被淹没的岩石或圆木附近；当河流的主干道水位高涨或变混浊时，鱼会到支流入口处寻求庇护；炎热天气的浅水中，鱼会聚集在最深的水坑里，或者有地下水渗出的泉眼处，或者藏身于岩石下面；温带地区，在凉爽的春季，鱼会游到有太阳照射的浅水区，那里的水比较暖和。

　　如果用鱼竿、鱼钩、鱼线以及诱饵没有钓到鱼，那么也不要灰心，可以试试其他方法。如果需要在湖泊、溪流附近待一段时间，可以采用安放鱼线的方法。主要操作步骤如下。在鱼线上绑几个鱼钩，鱼钩上穿好鱼饵，然后将鱼线系在低垂的树枝上，鱼上钩时树枝要能弯曲。不时检查鱼线，取下已经上钩的鱼，然后重新布置鱼饵。

　　障碍鱼钩或叉状鱼钩是安放鱼线时最好的鱼钩。做障碍鱼钩时，将一小截骨头或木头的两头削尖，在中间刻一圈凹槽，将鱼线绑在凹槽上，然后在鱼钩上放好鱼饵，使鱼钩入水后能把鱼线往后拉。将鱼线固定在水里，当鱼吞下鱼饵后，鱼线装置和鱼钩交叉摆动，鱼钩会卡在鱼的食道或者胃里。

　　如果需要秘密捕鱼，可以采用立桩监视的方法，具体做法为：将两根芦苇固定在溪流或湖泊的底部，两根芦苇之间拉一根鱼线（鱼线可以在芦苇上上下滑动），在这根鱼线上再系两根装有鱼钩的鱼线，要确保两根鱼线不会纠缠在一起，也不会缠到两边的芦苇上。天黑前，将蠕虫、蜜蜂幼虫或者其他合适的鱼饵装在鱼钩上，天黑后，将鱼线放到水中，等 1 个小时左右再检查鱼线，如果有鱼上钩，取下鱼，重新布置鱼饵，过 1 个小时后再次检查鱼线。天一亮的时候也要立即检查鱼线。

　　如果想要捕捉肉食性鱼类，假饵钓钩是一种不错的方法。这个方法在夜间特别有效。捕食者需要一根柔软的、2.4 ～ 3 米长的棍子或竿子，一根约 3

米长的鱼线，一个鱼钩，一小片发亮的金属片，一小条白肉或者鱼的肠子。将鱼线绑在竿子的一端，然后把金属片和鱼钩系在鱼线上，鱼钩要在金属片下面。将假饵投入靠近荷叶或水草的水中，间或用竿子的顶端拍打水面以吸引大鱼来咬饵。

冬天，鱼会聚集在浅水区，可以在水不太深的冰上破开一个洞，一般来说，地点应该选择在靠近岸边的陆架往水底下陷处、芦苇丛的边缘或者凸出的岩石基部。为使洞口不再冻上，可以在洞口盖上一些树枝，然后堆一些雪在树枝上。选好地点后，拿一根长 0.9 米的竿子和一根足够长、能垂到水底的细绳。用一片发亮的金属片做一个匙状的旋转片，做一个鱼钩绑在细绳上，再把匙状金属片绑在鱼钩上方。钓鱼时，要上下移动鱼竿，这样金属片就会转动。

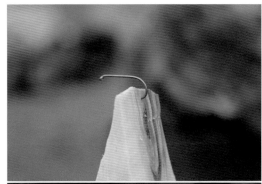

鸟类羽毛也可以制作假饵

美军士兵使用自制鱼竿钓鱼

徒手抓鱼

在河岸下部凹陷的小河里，或者在河水退后留下来的水坑中，徒手抓鱼的方法很有效。将双手放入水中，慢慢靠近河岸的下面，手尽可能贴近水底。手指慢慢移向鱼直到触摸到它，然后沿着鱼的腹部移动，不要太用力，当手移到鱼鳃部位时，从腮后面紧紧抓住。如果对付的是鲶鱼，或者脊背多刺的鱼，要小心手被刺伤。

洪水退去后形成的小水坑里常常有很多的鱼。在水底踩两脚，或者用一根棍子搅动水底的泥土，水就会变得混浊，然后鱼就会跑到水面上来透气，这时可以用棍棒打，或者用手抛，把鱼弄出水面。

将鱼赶进陷阱中徒手抓捕

渔网捕鱼

渔网捕鱼是一种很有效的方法，但是要做一张大渔网需要花费不少时间，也需要大量的制网材料。不过，捕食者可以利用身边有限的材料很快做成一张捞网。用捞网可以捕捉小一点的鱼，既可做饵，也可食用。在湖泊、溪流的边缘或者其支流的入口处有大量小到无法用鱼钩或鱼叉捕捉的小鱼。找一棵分叉的小树苗、一块布（或者衣服），将小树苗的两个分支弯曲后紧紧连在一起，形成一个圆形的框架，把衣服的领口、袖口都打结扎紧，将衣服下部连在圆形框架上，用大头针、金属线或其他合适的东西把衣服固定住。

美国海军陆战队士兵练习抛网捕鱼

陷阱捕鱼

对于海鱼，可以通过陷阱进行捕捉。因为鱼群会定期随着涨潮涌向岸边，它们经常平行于海岸线活动。在海水涨潮时选好设置陷阱的地点，退潮后就去设置陷阱。在多岩石的海滨，可以直接利用岩石间的水坑。在珊瑚岛上，可以利用珊瑚礁表面上的水坑。在沙质海滨，可以利用沙洲以及沙洲围成的沟渠。另外，也可以围一圈低低的石墙，朝着水的方向向外延伸，与海岸形成一个角度。陷阱设置完成后，要在退潮时堵住出口。对于淡水鱼，也可以利用草叶、藤蔓和小树枝等物编织成简易陷阱对其进行捕捉。

美军士兵在用藤蔓编织漏斗形陷阱

美国海军陆战队士兵利用大叶片编织捕鱼陷阱

鱼叉叉鱼

如果捕食者身处的水域不深（大概齐腰深），而且那里的鱼又大又多，那么可以用鱼叉叉鱼。用手边的材料制作鱼叉很容易。叉杆可以用一根长的、直的小树或者一根竹子来做，如果小树茎干够硬，可以将其一头削尖，如果木质不硬，可以绑一把刺刀、一片尖利的金属、一根削尖的骨头、一把小刀或者荆棘在上面。如果叉杆是竹子，在竹节下方削两个箭头。

鱼叉做好以后，在有鱼群经过的水边耐心、安静地等候，夜晚在手电筒的帮助下，叉鱼的成功率会更高。灯光会将鱼吸引过来，光线照射到鱼时，会从鱼的眼睛反射回来，而且手电筒能照亮溪流底部，你可以发现并采集其他水生生物。

如果需要下水去鱼群聚集的地方，最好慢慢地涉水过去，动作必须足够缓慢，以免引起水面的震动。将鱼叉放入水中，等待几分钟，让鱼群逐渐适应人的出现。然后，尽量靠近目标，鱼叉要一直在水下。将鱼叉置于目标上方后，迅速朝鱼刺过去，并且使鱼叉紧紧抵住河底，然后用手把鱼抓上来。

在浅水区叉鱼

药鱼

使用毒药捕鱼不仅见效快，还可以暗中进行，并且可以一次获得大量的鱼。有些温暖地区的植物含有鱼藤酮，该物质可以麻醉或杀死冷血动物，但是对食用该动物的人类并无影响。在21℃以上温度的水里，鱼藤酮会很快起效，鱼会马上失去活力，浮出水面。如果水温在10～21℃，鱼藤酮效果比较慢，而水温低于10℃，鱼藤酮就会失去效用。下述植物，如果按照说明使用，也能使鱼类昏迷或死亡。

全球各地都生长着可用于药鱼的植物，常见种类如下所述。①木防己属植物。这种木本藤蔓植物生长于南亚及南太平洋岛屿上。可将其豆状种子碾碎，然后撒到水中。②巴豆属植物。这种灌木或小型乔木生长在南太平洋岛屿开阔的荒地上，它的种子长在呈三角形的豆荚里。碾碎其种子撒到水中。③玉蕊属植物。这些高大的乔木长在马来西亚及波利尼西亚部分地区的海边，它们长有单种子的肉果。碾碎种子，剥去种子的外皮，然后撒到水里。④鱼藤属植物。这种热带灌木或木本藤蔓植物是商业生产鱼藤酮的主要来源。将该植物的根部磨成粉，或者浸泡使其变软，然后和水混合在一起，将混合溶液大量洒入水中。⑤澳茄属植物。该植物生长于澳大利亚，具有白色簇形花和草莓状果实。把植物碾碎然后撒入水中。⑥灰叶属植物。这是一种小型灌木，生有豆荚，几乎遍生于热带地区。将叶子和茎干碾碎撒入水中。⑦山胡桃、灰胡桃或黑胡桃青色的外壳。将外壳碾碎撒入水中。

除植物以外，石灰也可以毒杀鱼类。捕食者可以焚烧珊瑚或海贝来获得石灰，然后将石灰撒入水中。需要注意的是，往水里投放毒药之前要先设计好捞鱼的方法，例如，使用捞网，或者在下游建一道围堰来捉鱼。

鱼藤属植物

砍鱼

如果在水滨，并且不担心光线会招致不安全，那么可以在夜间退潮的时候试试砍鱼这种方法。捕食者需要一支火把以及点火的工具，还需要一把砍刀。一手拿着点燃的火把，一手拿着砍刀，走到约 0.6 米深的水中，亮光会把鱼吸引过来，迅速用刀背把鱼打昏，然后捡起来。

射鱼

如果带着枪，有足够的弹药，并且不担心暴露身份，那么就可以试试射杀这种方法。目标应该位于水下不超过 1 米深，瞄准时稍稍偏离目标往下一点。

炸鱼

使用手榴弹炸鱼也是一种有效的方法，不过爆炸后要马上把鱼捞起来，因为它们的气囊通常会因爆炸而破裂，会很快沉入水底。这种方法可以提供几天的食物，最好把那些吃不完的鱼晒干保存。

4.3.4 | 甲壳动物

地球上有 3 万多种甲壳动物，分布在世界各地。大多数淡水和咸水中都会有甲壳动物，而且比之陆地动物，捕捉甲壳动物时，可以更快、更容易、更安静，获得的量也更大。只需要知道它们的生活习性，在一天中的什么时间捕捉它们最好，以及如何捕捉它们，捕食者就可以获得丰富的食物补给。

甲壳动物包括生活在淡水和咸水里的螃蟹、小龙虾、龙虾、小虾以及对虾等，所有的甲壳动物都可以食用，不过淡水甲壳动物必须煮熟再吃，因为它们可能携带有害的寄生虫。

热带溪流中有很多淡水小虾，特别是缓慢流淌的溪流中。它们或游于水中，或吸附在水中的树枝或植物上。而咸水小虾生活在海岸附近的水域中，可以把它们搅动上来，或者在晚上的时候，用灯光把它们吸引上来，然后用网捕捉。淡水螃蟹和小龙虾有时栖息在岩石底下长满苔藓的地面，有时在溪水或浅水里游泳，可以用手直接抓，也可以用捞网捞。很多螃蟹和龙虾是夜间活动的，所以夜间捕捉会更容易。

对于甲壳动物，可以用捞网捕捉，也可以设置陷阱，或者用鱼头或动物内脏吸引它们。如果捕食者能找到一个较大的饮料瓶，便可以制作一个简易的捕虾装置。首先从瓶颈的中间部位横向水平切开，取下倒装（瓶口插进瓶体内），形成倒须口并用线固定。在瓶体中下部扎穿若干个进出水小孔，再在瓶口上系一根 3～4 米长的塑料绳，用于收放捕虾瓶。捕捉前取下瓶颈（去掉瓶盖），装进一些虾类喜欢的食物，再放入一两块小石块作为坠子。准备妥当之后，将捕虾瓶投放在虾类喜欢活动觅食的近滩水草丛中。耐心等待 1 个小时后，将捕虾瓶收回来察看收获。

淡水螃蟹

4.3.5 | 软体动物

软体动物包括生活在淡水和咸水里的贝类，如蜗牛、蛤、贻贝、牡蛎、玉黍螺、石鳖以及海胆等。牡蛎和淡水贻贝很像，陆生和水生蜗牛分布于世界各地，只要是有水的地方都会有。北方针叶林地区的河流、溪水、湖泊中有很多蜗牛或淡水玉黍螺，这些蜗牛的形状可能是尖头的，也可能是圆头的。

在淡水中寻找软体动物时，要在浅水处寻找，特别是在河底为沙质或淤泥的浅水中。寻找它们在泥上留下的细细的痕迹，或者隐秘的椭圆形的裂口，那是它们的藏身之处。贻贝通常大量聚集在布满碎石的池塘中，或圆木上，或巨石的基部。需要特别注意的是，在夏天，热带地区的贻贝是有毒的。

在海边，等到退潮时，检查潮汐留下的小水坑和潮湿的沙子。海边的岩石上，或者再深一点的海水中的珊瑚礁上经常会附着许多贝类。蜗牛和帽贝黏附在岩石水位较低的部分，大一点的蜗牛，也叫石鳖，则紧紧地依附在岩石水线以上的部分。

一般来说，不要吃那些即使水位很高时也没有被水覆盖的软体动物。在食用软体动物前，应该先将其蒸一下或煮一下，或者带壳烘烤。软体动物可以和绿色植物及块根一起炖，味道十分鲜美。

贻贝

美军士兵试吃软体动物

4.3.6 | 爬行动物

许多爬行动物都是不错的食物来源，而且在世界上多数地方都能发现爬行动物。在爬行动物中，最适合作为食物的是蛇类、蜥蜴、龟类、鳄鱼等。

捕蛇

所有有毒的、无毒的淡水蛇或陆地蛇都可以食用。捕蛇的最佳时机是在气温不高也不低的清晨和傍晚。任何有覆盖物的地方都可能藏有蛇。捕蛇的方法多种多样，但总体来说可分为两种形式：一种是利用捕蛇工具去捕蛇，另一种是徒手捕蛇。

利用捕蛇工具捕蛇主要有以下几种方法。

（1）杆压法。这种方法适用于在较为平坦的土地或草地上捕蛇。用一支长约 2 米的竹竿向蛇压。位置最好是压在蛇的颈部。如果压到了蛇的颈部以下，可以稍微用力，慢慢将竹竿滑移到蛇的颈部再捕捉。

（2）叉捕法。工具是一根长约 2 米、粗细适当、一头分叉的木棍，见到蛇后，用叉口处将蛇的颈部叉住，然后再下手捕捉。这种方法适用于捕捉较大的蛇类。

（3）钩挪法。用直径 8 ～ 10 毫米的钢筋，把一端弯成凹形，使蛇正好可以嵌入其中，难以逃脱而又不至于损伤。这种方法可运用于捕捉草丛中、乱石上和高低不平处的各种蛇类。在捕捉时，可以先用钩子把蛇钩到平地上，再对其进行捕捉。

（4）网兜法。用粗铁丝和柔软透风的尼龙布，缝制一个直径约 0.8 米的网兜，安上一根 1.5 米左右的木柄。在捉蛇时，先用网兜把蛇罩住，然后再对其进行捕捉。这种方法一般常用来捕捉体型较小的蛇类。

（5）蒙罩法。用草帽、衣服、麻袋等物品，突然蒙住蛇头，然后再用手压、脚踩抓蛇。

（6）索套法。用一根长约 2 米的竹竿，一头装上一个用尼龙绳做的活套。在捕蛇时，用活套套在蛇的头部，然后拉紧。这种方法常运用于捕捉盘绕在树上的蛇类。

　　徒手捕蛇的方法也较多，比较安全的是快速滑捏法。发现蛇后，用左手抓住蛇的尾部，立即站起来，右手松握蛇身向蛇的颈部滑去，当右手滑到蛇的颈部时，用力握紧蛇颈，然后将蛇投入口袋。需要注意的是，太大或太小的蛇，都不能用这种方法去捕捉。

　　无毒蛇和有毒蛇的捕捉方法是基本相同的，但在捕捉无毒蛇时，使用捕蛇工具或用徒手的方法进行捕捉都无关紧要。而捕捉毒蛇，一定要使用捕蛇工具去进行捕捉。所以，在捕蛇前，一定要正确辨明是无毒蛇还是有毒蛇。有些毒蛇是致命的，即使蛇头被切下，它也会因为条件反射而咬上一口，并将毒液注入人体。

　　辨别无毒蛇和有毒蛇的基本方法为：毒蛇的头部一般呈三角形，无毒蛇的头部一般呈椭圆形（特指蝰蛇科，眼镜蛇科的头部也是椭圆形）；毒蛇的花纹颜色一般比较鲜明，无毒蛇的花纹颜色一般不鲜明；毒蛇发现人后一般不逃跑或逃跑时爬行的速度不快，无毒蛇发现人后会马上逃窜，爬行的速度很快。

菲律宾士兵向美军士兵传授徒手捕蛇法

捕蛇时必须用力握紧蛇颈　　　　　　　　泰国士兵演示徒手捕蛇法

花纹颜色鲜明的毒蛇　　　　　　　　　　使用棍棒捕捉毒蛇

被制住颈部的毒蛇　　　　　　　　　　　美国陆军士兵捕获毒蛇

捕蜥蜴

世界各地几乎都能发现蜥蜴，不过在热带和亚热带地区更为多见。所有蜥蜴的肉都是可以食用的，捕捉时可以用棍子击打它们，也可以在棍子的一端系上草或树皮做成一个套索，用套索套住它们。

体型较大的蜥蜴要剥皮并去除内脏，然后把肉烤、煮或煎炸。体型较小的蜥蜴可以不必去除内脏，直接用一根棍子从其嘴部穿过，然后放到火上烤。当皮肤起泡或者噼啪作响时，说明已经烤好了。

捕龟

龟是现存最古老的爬行动物，其特征为身上长有非常坚固的甲壳，受袭击时龟可以把头、尾及四肢缩回龟壳内。陆栖龟类大多为草食性，鳖类大多为肉食性，其他种类的龟也有杂食的。温带种类的龟冬季蛰伏（冬眠），热带种类的龟炎热时期蛰伏（夏眠）。

捕捉肉食性龟类，可在有龟的水边挖一个深约 65 厘米、宽约 35 厘米的土坑，坑壁要直，在坑内插一根比坑低些的木棍，棍上绑上肉或内脏，龟闻到味道会在夜间出来觅食，一旦跌入土坑内就爬不出来了，捕食者可以在第二天早上来捡。

在所有龟类中，鳄龟是需要捕食者格外小心的一种。无论是在水下还是在陆地，它们都可能会咬你一口。鳄龟在躲藏或休息时，会把头朝前爬进岸边的洞里面。找龟时，用穿着鞋的脚去找，找到之后，伸手摸索其龟壳，在龟壳锯齿状边缘的下面是它的尾巴，抓住尾巴，然后把它弄出来。

凶猛的鳄龟

捕鳄鱼

鳄鱼是性情凶猛的脊椎类爬行动物，主要生活在热带及温带地区的湖泊、河流、小溪里或者这些水域附近。成年鳄鱼经常在水下，只有眼鼻露出水面。它们耳目灵敏，受惊立即下沉。午后多浮水晒日，夜间目光明亮。鳄鱼极具攻击性，如非必要，尽量不要尝试捕杀它们。如果必须捕杀，最好的办法是射杀。鳄鱼的皮像装甲一样又厚又硬，剥皮前可以在火上加热使之变软，然后可将肉烤或者炸。

4.3.7 | 两栖动物

两栖动物是拥有四肢的脊椎动物，长期的物种进化使两栖动物既能活跃在陆地上，又能游动于水中。与动物界中其他种类相比，地球上现存的两栖动物种类较少。除海洋和大沙漠外，平原、丘陵、高山和高原等各种环境中都有它们的踪迹，最高分布海拔在 5000 米左右。个别种类能耐半咸水。两栖动物在热带、亚热带湿热地区种类最多，南北温带种类递减，仅个别种类可达北极圈南缘。两栖动物大多昼伏夜出，白天多隐蔽，黄昏至黎明时活动频繁，酷热或严寒时以夏蛰或冬眠方式度过。

在各种两栖动物中，最适合作为食物的是青蛙、蝾螈和真螈，它们主要生活在温带淡水区域。在夜间捕捉青蛙，可以根据它们的鸣叫找到其所在的位置，使用棍棒击打。对于体形较大的青蛙，可以用钩子。蝾螈和真螈一般都藏身于腐烂的圆木底下或者岩石底下。煮食这些动物前要去除其内脏。

菲律宾士兵正在烤食青蛙

4.3.8 | 哺乳动物

哺乳动物是动物界物种中分布最为广泛的一类。作为一类恒温动物，它们能在较寒冷的环境下保持活动能力，而汗腺等器官可以帮助它们在炎热的环境下控制体温，故能适应各种不同温度和地形的生存环境。从热带草原上的羚羊，到极地的北极熊，再到高山上的鼠兔和沙漠中的骆驼，到处可以见到它们的身影。虽然哺乳动物主要在陆地上生活，但也有一些种类已经适应在陆地以外的环境中生活，如飞行的蝙蝠和在海洋里生存的海豹、海豚等。因此，无论人在哪种环境中艰难求生，哺乳动物都是绝佳的狩猎目标。哺乳动物的体型通常比其他动物更大，能为求生者提供更多的食物。

射杀猎物

枪是士兵在战斗时的重要武器，也是士兵在野外生存时的最佳狩猎工具。如果弹药充足，并且不用担心被敌人发现，那么用枪射杀猎物是一个不错的选择。不过，成功射杀猎物的前提是能找到它们的踪迹。哺乳动物通过它们的视觉、听觉和嗅觉来辨别危险，如果捕猎者不熟悉该地区的动物，那么就必须假定这些动物天生机警，假定它们的视觉、听觉和嗅觉都非常敏锐。

许多动物沿着道路活动，通过观察它们的足迹、粪便、走过的路、洞穴以及进食的痕迹，可以分辨出该地区动物的类型以及它们大致的数量。为了避免打草惊蛇，捕猎者必须在被猎物发现之前发现猎物。最好的办法是在高处仔细观察，不管是在森林中还是在开阔地，先探察远的地方，再探察近的地面。也可以找到动物的饮水点、进食地点或者常走的道路，耐心等待动物出现。

寻找猎物时，不管是在开阔地还是在森林中，方向一定要迎着风，或与风向呈一定角度，千万不可顺风，以免自己的气味被猎物嗅到。在茂密的丛林里，因为视线受阻，所以任何动作尽可能都不要发出声音，任何轻微的声音都会使猎物警觉起来。如果在猎物很容易发现的地方狩猎，一定要秘密进行。如果被猎物发现了它却没有逃走，这时捕猎者要停下来，不要动，直到它继续进食时，再迂回逼近。如果它抬头，就停下来。在猎杀山地动物时，如果可能，尽量绕到它们的上方，因为它们觉察来自上方的危险的可能性较小。

许多哺乳动物身上的脆弱部分在其头部、颈部、后肩等，射击时要朝这些地方瞄准。多花点时间瞄准以确保准确无误。如果猎物受伤后逃走了，可以慢慢沿着它的血迹跟踪。受伤严重的动物如果没有被跟踪，它会很快躺下来，渐渐地越来越虚弱，最终无法再站起来。捕猎者可以慢慢接近它，并伺机杀死它。野外生存应极力避免的一点就是受伤，除非有绝对的把握杀死猎物，否则千万不要近距离与猎物搏斗，因为那样做的危险太大。

美国海军陆战队士兵成功射杀猎物

追捕猎物

对于小型哺乳动物，可以采用徒手追捕或借助简易工具追捕的方法。这样不仅可以节约弹药，也会让捕猎者的行动更加隐秘。一般情况下，可以徒手追捕的小型哺乳动物有野兔、老鼠、负鼠、土拨鼠、海狸、麝鼠、松鼠、犰狳、臭鼬、豪猪和猫鼬等。

野兔喜欢生活在有水源和树木的混交林内、草原地区、沙土荒漠区，尤喜栖于多刺的杨槐幼林中。野兔跳起来之后可能跑 1.2 ～ 1.5 米就会停下来一下，可以用投棒、石头或流星锤击打。

老鼠（包括旅鼠、鼹鼠等）夏天时经常藏身于岩石底下或圆木底下，冬天时经常躲在积雪的河岸里，可以用脚踩或用棍子打。

负鼠是一种比较原始的有袋类动物，主要生活在拉丁美洲。负鼠大多长着像软鞭一样能缠握树枝的长尾巴，因此可以采用抓尾巴的方法对其进行捕捉，也可以用棍击打。

土拨鼠可以使用陷阱进行捕捉，可以在它们的洞穴处布置一个双线陷阱，这样它们进出洞穴的时候会落入圈套中，此时就可以把它们挖出来，然后用棍棒或石头击打。挖到目标之前，可以先插入一条带环扣的皮带进去，土拨鼠会紧紧咬住皮带，然后可以将它拉出来。如果在洞穴外发现土拨鼠，还可以徒手追捕它，当它反抗时，可以用棍击打或用脚踢打。

海狸善于游泳和潜水，在陆地上行动缓慢而笨拙。它通常在夜间活动，白天很少出洞，所以捕猎者要在夜间等待海狸上岸，然后用棍击、脚踢，或者用石头打，或者抓住它的尾。海狸是一种顽强的动物，所以抓住它的尾巴之后可以像钟摆一样来回摇晃它，直到它松软下来，然后朝树上或者地上摔，或者用套索勒死它。还有一种捕捉海狸的方法就是挖开它筑的水坝让水流走，海狸会出来检查，捕猎者可以跨在水沟上，等海狸游过时抓住其尾巴，然后马上摇晃它。需要注意的是，千万不能让海狸咬伤，它可以咬出一个很大的伤口。

麝鼠的俗称是青根貂、麝香鼠，因其会阴部的腺体能产生类似麝香的分泌物而得名。麝鼠是半水栖的兽类，多栖居在芦苇、香蒲等挺水植物丛生、水流平缓、适于筑窝的江湾、河汊、浅水小湖塘，以及常年积水、有池塘的沼泽甸子中。麝鼠在水中时可以用棍棒击打，或者用捕捉海狸的方法捕捉它。对于麝鼠这类毛很长的动物，也可以用一根结实的叉状树枝将其从洞穴中拉出来。叉尖之间的距离应该为 5 ～ 8 厘米，叉长 4 ～ 6 厘米，直径 1.3 ～ 2.5 厘米，将叉削尖。将叉状树枝插入洞口，当遇到阻力时，使劲扭曲树枝，树枝会戳住动物的皮，然后捕猎者可以将动物拽出来，并准备好立刻用棍击打。

松鼠的分布范围较广，多数栖息在寒温带的针叶林及针阔叶混交林区，尤其在山坡或河谷两岸的树林中最多。松鼠喜欢单独在树洞中居住，有的也在树上搭窝。由于松鼠不会后退，所以可以使用套索来捕捉。在松鼠出没的地方设置一些套索陷阱，定期检查，防止松鼠咬断绳索。

犰狳主要栖息在树林、草原和沙漠地带，追到它之后可以直接用手抓，或者用棍棒打。

　　臭鼬的栖息地多种多样，包括树林、平原和沙漠地区。它们白天在地穴中休息，黄昏和夜晚出来活动。捕猎者可以在臭鼬进食或行进时进入它的活动路线，当它经过时，小心地靠近，抓住它的尾巴尖，迅速将它拎起脱离地面，因为当脚离开地面后它就无法喷射臭气了，而且尾巴被抓住后它也无法弯身来咬人，然后用棍击打它。如果可能，清洗臭鼬之前先将它浸入水中冷却，这样它的臭腺会变硬，也就比较容易去除，而且能减少臭气的散发。

　　豪猪如果在地面，可以用棍棒击打。如果在树上，可以敲打树木使之下来用石头打，或者用叉状树枝按住它，然后揪住其尾部的长毛拎起来。只有这样，人才不会被它刺伤。需要注意的是，豪猪的刺上有倒钩，会钩住触碰它的东西。

　　猫鼬栖息于草原和开阔平原地区，分布量取决于土壤类型，以热带坚硬的土壤为乐土。猫鼬是非常社会化的动物，生活在可达到40只的群落里。抓捕猫鼬时，可以用棍子或石头击打，或者用手持罗网抓捕。

　　由于小动物通常也是食肉动物的猎杀目标，所以也可以让食肉动物帮助狩猎。只要仔细留意猛禽和猛兽的猎食活动，待它们杀死猎物后，就猛冲过去，它们可能会丢下猎物逃走，那么猎物就到手了。如果被吓走的是大型食肉动物，如熊或大型猫科动物，那么就要生一堆火并通宵燃烧，以阻止掠食者来袭。

草原上的野兔

河边的海狸

森林中的豪猪

诱捕猎物

如果没有枪，或者在一个必须保持安静的地方，捕猎者可以设置圈套、机关或陷阱来捕捉动物。不过，首先必须知道它是什么动物，这可以根据观察到的种种迹象判断出来，然后决定用什么方法捕捉。成功的诱捕和成功的追捕一样，取决于对动物习性的了解程度。例如，许多啮齿动物和食肉动物只在夜间出没，而有蹄类动物白天、夜间都会出来觅食。

无论采取什么方式，捕猎者都必须掩盖自己的气味。要掩盖气味，可以将设圈套的材料放到溪水中浸泡，或者用冷灰擦拭，或者用动物尿液洒在上面，这样可以引来同类动物。风吹、雨淋或者烟熏也可以掩盖自己的气味。

诱捕猎物的第一种方法是绳套陷阱。这种陷阱比较适于捕捉兔子之类的小型动物。绳子、各种金属线都可以用来临时制作绳套。绳套要一端有眼，以便另一端从中穿过。陷阱通常设在猎物经常出没的地方，要把绳套紧紧拴在树桩、岩石或树上。绳套必须设置活结，大小以能套住猎物的头为准。还可以用有弹性的小树绷紧绳套，当猎物的头钻到绳套后进行挣扎时会扳动机关，小树就会弹起，将猎物吊离地面。

诱捕猎物的第二种方法是平衡落木阱。这种陷阱是捕捉大型动物的理想工具，捕猎对象包括野猪和鹿类动物。一般需要花费很长时间才能制作好一个平衡落木阱，其制作方法如下。将叉状棒两端削尖，保证触动灵敏。分叉的一支水平位于重物的下方，前端有适当的诱饵。竖直叉上端支撑着横木以维持重物的平衡，一般以圆木作为重物。当动物扑向诱饵时会带动叉状棒，破坏支撑木的平衡。圆木会在瞬间坍塌下来，砸中猎物，将其杀死。

诱捕猎物的第三种方法是尖刀桩落阱。其制作方法如下。在小树一端绑上削尖的木桩，用扳机线把小树拉弯固定。扳机线的一端隐藏于动物必经的路上，动物绊上扳机线后，小树则被松开，尖刀桩在弹力作用下迅速刺向猎物，通常情况下，猎物即使不死也会身受重伤。

大型动物在泥地上留下的足迹

小型动物被绳套陷阱套牢

菲律宾陆军士兵在设置绳套陷阱

马来西亚士兵正在向美国士兵传授陷阱的设置方法

美国海军陆战队士兵正在布设陷阱

4.3.9 | 猎物的烹饪与储存

在野外生存环境中，求生者需要知道如何烹调肉类，烹调前该如何准备以及如何储存它们。不正确的清洗方法和储存方法可能会使肉类变得无法食用。

鱼类

新鲜的鱼肉营养丰富、味道鲜美，而腐败的鱼肉不仅口感很差，还有可能致病。因此必须知道如何辨别鱼肉是否已经腐败的方法，腐败的鱼肉通常具有以下特征：气味奇怪；颜色可疑，腮的正常颜色应该是红色或粉红色，而鱼鳞为明显的灰色，没有褪色；用手指按压鱼肉之后会留下凹痕；黏糊糊的身体，而不是潮湿的；味道辛辣。

吃了腐败的鱼可能会引起腹泻、恶心、腹部绞痛、呕吐、瘙痒、麻痹，或者嘴里会有一股金属腥味。这些症状通常会在食用之后1～6小时之内突然发生。如果身处海边，一旦上述症状出现，应立刻喝海水，并强迫自己呕吐。

鱼死亡之后会很快腐烂，特别是在炎热的天气，所以抓到鱼之后应尽快准备好食用。挖出腮和脊椎下的较大血管（如果打算把鱼叉在铁签上来煮食，那么要留下鱼头）。如果鱼身长超过10厘米，那么要取出内脏，沿着腹部切开，掏出肠子。还要将鱼鳞刮掉，或将鱼皮撕掉。

可以将鱼整个叉在棍子上，然后放到明火上烤，也可以用树叶包裹起来再烤。但是，将鱼连着皮一起煮着吃是最好的，这样可以最大限度地吸收其营养。脂肪和鱼油都在鱼皮下面，如果煮着吃，便可得到鲜美的鱼汤。烹调植物类食物的任何方法都可用来烹调鱼。当鱼肉开始剥落时说明已经煮好了。

如果打算把鱼储存起来以备不时之需，可以用烟熏或者晒干。熏制前，割下鱼头，取出脊椎，将鱼肉平摊开来，用串肉扦串起来，可以用剥了皮的细柳树条做串肉扦。晒鱼时，将鱼挂在树枝上，或者摊开放在滚烫的岩石上。等鱼肉干了之后，如果条件允许的话，应用海水冲洗，这样做相当于腌制鱼肉表面。任何海产品，如果没有干透或者没有经过腌制，都不要试图储存。

在学习鱼类烹饪技巧的美国海军陆战队士兵

美国海军陆战队士兵在学习鱼类烹饪

正在烤鱼的菲律宾士兵和美军士兵

蛇类

如果是活着的蛇，宰杀时必须非常小心。用左手从袋子外面抓住蛇的七寸，然后伸右手到袋子里面接住蛇的七寸，将蛇向外取出，左手迅速抓住蛇尾。紧接着，双手抓住蛇头按在案板上，用脚踩住蛇尾。准备就绪后，用左手按紧蛇头，右手用刀压住蛇头，左手挪出蛇七寸位置，用刀在七寸位置斩下蛇头。蛇除了受大脑神经支配外还有周围神经，头和身体分离后周围神经短时间还有活性，因此需要用刀将蛇头从中间剁开，以免出现意外。

宰杀完成后，用 80℃ 的热水，烫去蛇鳞。蛇的神经如果没有完全死亡，受热水刺激后，可能还会动。蛇鳞清除后，用剪刀或其他工具破开蛇肚，取出蛇内脏，再剪去蛇尾，最后将蛇斩成小段。

　　蛇肉可以在炽热的炭火上烤熟，也可以用水煮食。蛇的内脏可以留下，用于做诱饵钓鱼，或者设置诱捕陷阱。蛇皮可以用来制作腰带、皮带，或者其他类似的工具。

美军士兵在训练中饮蛇血

鸟类

　　当捕猎者捕获了鸟类后，不管是准备吃，还是要储存，都必须先将其去毛。如果拔毛不可行，可以将整个皮剥掉。不过要记住，带皮一起煮的鸟类更有营养价值。一般水鸟身体干了之后很容易去毛，而其他鸟类则要沸水烫过之后才容易去毛。

禽鸟可以煮食，也可以用串肉扦串起来在明火上烤。食腐鸟类，如兀鹫需要煮至少 20 分钟以杀死其体内的寄生虫。从鸟类身上获得的羽毛可以用来给鞋、衣服，或者被褥隔热保温，还可以用来做捕鱼的假饵。

美国陆军士兵在学习烹饪鸟类

哺乳动物

设圈套或陷阱诱捕来的动物通常是活着的，所以具有一定的危险性。因此接近落入圈套的动物时要格外小心，可以用矛或者棍子杀死它们，以便保持安全的距离。在猎物被杀死之后，应立即割断它的喉咙放血。如果需要把猎物拖到别的地方，那么要在剥皮之前拖，这样可以避免尘土、碎石等弄脏猎物。如果有条件，应在河边清洗猎物，这样可以洗净并冷却猎物。如果情况允许，最好等到猎物完全冷却之后再作处理，因为跳蚤和寄生虫会主动离开已经冷却的猎物。

哺乳动物的大部分内脏是有用的，必须做到物尽其用。心脏、肝脏和肾脏可以食用。切开心脏，将心室里面的血放干净。将肾切成片，如果有足够的水，将肾浸泡、漂洗。除了鹿类，几乎所有哺乳动物的胆囊都和肝脏连在一起。有时候，胆囊看上去就像肝脏上的一个水泡。在切除胆囊时，拎起它

的顶端，在它后面的肝脏上环切一刀。如果胆囊破裂了，胆汁流到肉上面，必须马上用水洗，免得肉被胆汁污染。胆囊切下之后扔掉。

哺乳动物的血液里含有盐分和其他养分，适合用来做汤；虽然野生动物没有多少脂肪，但还是要尽量收集保存，它可以用来做肥皂；动物的肠子洗净之后可以熏制储存，或者当成绳索使用，不过要让它们彻底干透，以防腐烂；大型动物的腱和韧带可以用来制作绳索；骨头可以用来制造工具和武器；大多数动物的头部都有很多肉，而且得到相对容易。将头部的皮剥掉，保存起来当皮革用。彻底洗净口腔，把舌头切出来，煮过之后剥掉舌头上的外皮。把头上的肉切下来或刮出来，如果你喜欢，可以把头放在明火上烤，不用把肉切下来。眼睛是可以吃的，煮食时去掉视网膜。脑也是可以吃的，还可以用来制革，据说动物的脑适合鞣制它自己的皮；骨髓也是非常有营养的食物，可以敲碎骨头将其挖出。

溅在肉上的血会在表面凝结，从而使肉可以保存一段时间，不过如果放血不正确的话，血液会凝聚在体内较低的部分，短时间内就会使肉质变坏，所以应该切掉被污染的部分。如果气温低于4℃，你可以将肉悬挂起来，几天内不用担心肉会变坏。如果肉上面生了蛆虫，去掉蛆虫，切掉变色的肉，剩下的肉还是可以吃的。另外，蛆虫是昆虫的幼虫，也是可以吃的。

在温暖的气候下，需要把肉弄干，或者熏制之后才能保存。一个晚上的浓烟熏制可以使肉保存一周，两个晚上的熏制可以使肉保存 2 ～ 4 周。在把肉弄干或熏制前，先沿着肉的纹理把肉切成 0.6 厘米的肉条。晾干肉时，将肉悬挂在风中或烈日下，不要让其他动物够到。用东西将肉盖住，不要让苍蝇落在上面。

熏肉时，需要一个封闭的环境，例如，圆锥形帐篷或者一个深坑。还需要一些落叶木的树枝，最好是绿色的。用挖坑的方法来熏制肉时，先挖一个洞，深约 1 米，直径约 0.5 米。在洞的底部生火，等火烧旺时，添加切成条的新鲜木头，或者新鲜的绿色树枝，使之冒烟。在距离火 0.5 米的上方搭一个木头炉栅，将肉条放在炉栅上。用棍子、树枝、叶子或其他东西覆盖在坑上面。如果熏制方法正确，熏出来的肉应该看上去像黑色的、脆的、卷曲的棒状物，很好吃，也很有营养。

　　此外，也可以用盐水来保存肉。将肉浸在盐水里，然后放在阳光下晒干或者在火上烤干。如果用的盐太少，或者没有充分晾干，肉很容易变坏。

　　如果熏肉发霉了，在吃之前应先将发霉的地方刷洗一下。在潮湿的气候环境下，还需要将熏肉拿出来重新风干或晒干来防止发霉。

菲律宾士兵向美军士兵传授使用草叶编制食物储存容器的方法

加拿大士兵宰杀小型啮齿动物

其他动物

除蛇类以外的爬行动物，可在清除内脏后放入炽热的炭火中直接烧烤。当蛇的皮肤脱落以后，可以再用水煮食。龟类可以用水煮，直到其硬盖脱落为止，然后把肉切割下来，再用其他方法进行加工。对于蛙类，因为其外表皮肤带有毒性，必须剥下外表皮肤，然后穿在树枝上面进行烧烤。对于螃蟹、龙虾、河虾、皮皮虾、对虾等，可以采用水煮的方法清除其外表硬壳。各种海产品都容易变质，所以要尽快进行烹饪处理。昆虫与蠕虫可以煮食，也可以放在烤热的石板上面烤干，然后把它们压碎或者碾成粉末放入汤内或者其他菜肴中。

4.3.10 │ 餐具的清洗

野外生存难免要使用餐具，而一些锅和碗会在你进食之后留下油污和食物残渣，尤其是富含油脂的肉类食物。这时候就需要对锅和碗进行清洁，否则就会滋生细菌，危害身体健康。一般来说，在缺乏专用清洗剂的野外环境下，清洁餐具主要有以下几种方法。

（1）使用草木灰进行清洁

使用草木灰进行清洁是最方便的方法，而且洗得很干净。锅碗上的油污加上草木灰和水就能取得类似肥皂的效果。因为草木灰属碱性物质，加上油脂就会产生化学反应。为了达到更好的效果，可以再抓一把松针或者其他草叶（只要无毒即可）来回刷几次。值得注意的是，应该使用纯粹的草木灰，不能混杂塑料余烬等。

（2）使用泥土进行清洁

当没有草木灰的时候，可以在岸边挖点泥沙进行清洗。比如河滩的细沙、湖边的黄土等，都可以加上树叶作为清洁工具。清洁方法大同小异，来回轻刷几次就很干净了。不过这种方法存在弊端，就是沙子容易磨损餐具。

（3）使用纸巾擦拭

如果你携带了纸巾，可以先用水初步清洗餐具，再用纸巾擦拭沾在锅碗上的油污。这种方法不会擦得很干净，但是能保证收纳锅和碗后不会有过多的油污污染背包或者衣物。

正在清洁餐具的美军士兵

第 5 章

野外疾病预防和急救

　　常言道："天怕乌云地怕荒，人怕疾病草怕霜。"尽管军人的身体素质优于普通人，但是在恶劣的野外环境中，谁也无法预料下一刻会发生什么，一旦出现中毒、烫伤、咬伤或摔伤等意外事故，求生行动将会受到巨大的影响，甚至会出现生命危险。因此，只有学会了一些常见疾病的预防和急救方法，才能更好地生存下来。

5.1 | 急救基础知识

5.1.1 | 窒息的处理

知道如何对受了重伤的同伴进行急救在任何情况下都是很重要的，这点在野外求生时尤为关键，因为那时没有医护人员，而且很可能在几个星期甚至几个月内都得不到医护人员的治疗。人在野外发生窒息、大出血或休克等紧急情况时，必须立刻实施急救以挽救生命。

人体的呼吸过程由于某种原因受阻或异常，所产生的全身各器官组织缺氧，二氧化碳滞留（指液体与气体在体内不正常地聚集停留）而引起的组织细胞代谢障碍、功能紊乱和形态结构损伤的病理状态称为窒息。

许多原因都会导致气管阻塞，从而使人窒息。例如，口腔或者喉咙里有异物阻塞了气管；面部、颈部受伤，或者颈部屈折；口腔、喉咙或者气管发炎肿胀。炎症可能是由于吸入了烟火或刺激性烟雾引起的，也有可能是由于对食物、昆虫叮咬、植物或其他东西过敏引起的；失去知觉。这会导致下颚和舌头肌肉完全放松，如果颈部向前弯曲，下颚随之下垂，舌头往后退，就会阻住气流入肺的通道。

呼吸道阻塞的症状包括：患者呼吸困难，大口大口地喘气；患者颈部前面的肌肉明显凸出，但是却听不到呼吸的声音，感觉不到有气体从口腔或鼻腔进出；皮肤青紫。患者嘴唇、耳朵、手指周围的皮肤明显变青或者变得苍白，有时甚至是全身的皮肤都会变色。

美军士兵为同伴清除呼吸道中的阻塞物

德国士兵进行窒息急救训练

　　不管什么原因，窒息的后果都是非常严重的。如果肺部空气供给不足，随之而来的就是脑部受损，最终导致死亡，这个过程可能仅仅发生在几分钟之内。因此，必须在最短的时间内使患者的呼吸道恢复畅通，具体步骤如下。

　　（1）清理患者的口腔，用手指抠出患者嘴里的任何异物。

　　（2）调整患者的姿势，抬起头部，以扩大呼吸道容量。立即让患者面朝上平躺，并抬起他的下巴。将患者的头部尽量往后抬，使其颈部紧紧绷直。这样做时，一手放在患者脖子后面用力抬，一手放在患者额头往后推，这个动作通常会使患者的嘴自然张开。如果有捆成卷的毯子、雨披或者其他类似的东西，可以垫在患者肩部以保持他的姿势，不过不要为了获取这些东西而浪费时间。如果抬起头部使呼吸道通畅了，患者开始呼吸，就不要再继续以下步骤，否则继续进行第三个步骤。在剩下的所有步骤中都要让患者保持头部向后仰。

　　（3）强迫空气进入肺中。捏住患者的鼻子，通过他的嘴迅速吹入两三口气，观察患者胸部的动作，看空气是不是进入了他的肺部。这种强迫呼吸可能足够使他恢复自然呼吸，或者清除出呼吸道中微小的阻塞物。如果患者的胸部随着强迫吹气而一上一下，就表明呼吸道已经通畅了，如果还没有起作用，继续第四个步骤。

（4）抬升下巴。加强颈部的紧绷程度，使舌头不再阻塞呼吸道，可以用下面任何一种抬升下巴的方法：①拇指法。把拇指放在患者的嘴里，其他四指紧紧抓住患者的下巴向上抬。不要试图压下舌头；②双手齐下法。如果患者嘴闭得很紧，无法把拇指伸入他的口中，那么就用这种方法。双手沿着耳垂握住患者的下巴用力往上抬，使患者的下排牙齿向前超出上排牙齿，用双手拇指强推患者下嘴唇，使之双唇张开。

一旦患者的舌头伸到足够靠前的位置，要迅速朝他口中吹气，看他的呼吸道是否通畅，如果患者胸部仍无起伏，继续第五个步骤。

（5）清理呼吸道。当抬高患者头部、强迫呼吸、最大限度伸展下巴等努力都失败之后，那么很可能异物已经进入患者喉咙深处，而第一个步骤的快速清理没有起效。这时需要采取以下方法来取出异物：①手指深挖。用食指沿着患者上颊伸入舌根部位，把食指当作一个钩子，尽量把异物一点一点往上钩，钩到手够得着的位置，然后取出。②背部敲打。让患者侧身躺着，在他肩胛骨之间用力敲打几下，然后再把食指伸到患者嘴里去检查一下异物是不是已经出来。③腹部推挤。如果患者坐着或者站着，你站到他的身后，用双臂环抱住他的腰部，双手抱拳，把拳头拇指所在的一边放在患者胸骨最底端和肚脐之间，压住患者胸部，然后快速向上推挤。如果需要，重复进行这个动作。④如果患者躺着，要让他面朝下，背朝上，然后靠近他臀部跪下，用一只手的手掌底部抵住他的胸部，另一只手压在这只手上面，然后快速做向上推的动作。如果需要，重复这个动作。⑤把背部敲打和手部推挤结合起来，尤其当呼吸道上部被阻塞时，结合使用这两个动作比较有效。

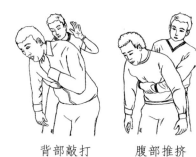

背部敲打　　　腹部推挤

如果上述步骤均未奏效，则说明患者呼吸道阻塞非常严重，那么需要立刻进行环甲膜切开手术（制造一个人工呼吸道），否则患者很可能会没命。这个手术是在甲状软骨和环状软骨之间开一个小口，让空气直接进入气管，而不再通过气管以上的通道。需要注意的是，这个手术需要专门的知识和训练，非职业医护人员除非是在战斗中求生，并且已经别无选择时才可以尝试。具体步骤如下。

（1）把患者放在平坦的地方，头部后仰，使颈部绷直。

（2）如果时间允许，用水和肥皂清洗患者皮肤，并抹上消毒药。

（3）用手指确认环状甲状软骨膜的位置。男人的甲状软骨就是喉结，位置很容易找到。而环状软骨就在甲状软骨下面，它没有甲状软骨大，但是差不多有甲状软骨的两倍厚，它构成气管的剩余部分。膜位于甲状软骨和环状软骨之间，称之为环甲膜。在这个地方，呼吸道就靠这层环甲膜及皮肤和外界隔开。

（4）拎起环甲膜上的皮肤，用解剖刀、刀片、小刀，或者其他任何锋利的工具，在皮肤中间垂直切开一个约 1.2 厘米深的小口。

（5）用手指翻开切口，露出环甲膜，横向切开一个口子，露出气管内壁。环甲膜上的切口打开之后必须保持开口状态，保证空气能够进出气管，可以在切口中小心地插入一根干净的管子。管子插好之后，马上就能够听到空气进出切口的声音。

（6）保护切口。管子插入之后，用绷带或者布条小心绑在脖子上，管子必须固定好，防止脱落，或者抵住气管内壁。开口必须保持到医护人员接管患者为止，或者患者恢复知觉不再需要这个切口为止（肿胀消除，患者可以正常呼吸）。管子移开以后，伤口会自行愈合，不需要消毒和不透气的包扎。

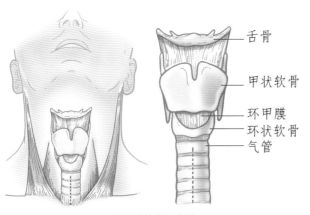

舌骨

甲状软骨

环甲膜
环状软骨
气管

环甲膜位置示意图

5.1.2 | 大出血的处理

人体任何部位的主动脉大出血都是极其危险的。失血 1.1 升会导致轻度休克，失血 2.3 升就会严重休克，这时就相当危险了，失血 3.4 升通常就会死亡。在求生困境中，一旦出现严重出血，必须马上加以控制，因为输血通常是不可能的，患者随时都会死亡。

☞ 出血类型

根据血管破裂的类型，出血可以分为以下几个类型。

动脉出血

动脉是把血液从心脏输往身体各个部位的血管。动脉破裂之后，鲜红色的血液会从伤口处很明显地喷涌出来，或者随着心脏跳动的节奏往外冒。因为动脉里的血液受到较大压力，所以动脉破裂可能会在短时间内失去大量鲜血，因此动脉出血是最严重的出血类型，如果得不到迅速控制，就会导致死亡。

静脉出血

静脉是血液从全身回流至心脏经过的血管。静脉失血的特征是血液呈现暗红色、褐红色或者紫色，血流持续稳定。静脉血液受到的压力远低于动脉血液，但是也会造成大量失血，通常来说，静脉止血比动脉止血要容易一些。

毛细血管出血

毛细血管是连接在动脉和静脉之间的微细血管。毛细血管出血通常是由于轻微割伤或者擦伤造成的，出血比较慢，通常是渗血，而且失血量不会很大。毛细血管出血很容易得到控制，通常血液会自动凝结，流血也就会自动停止。

美军士兵为同伴的头部擦伤止血

止血方法

控制人体外部出血的主要方法为直接按压、抬高肢体，或者使用止血带。

直接按压

控制外部出血最有效的方法就是直接按住伤口，按压不但要用力以止住流血，而且要保持足够长的时间来使伤口表面闭合。

实施按压措施时，首先要用手指或者手掌直接按住流血处，如果有消过毒或者干净的敷布，按压时可以盖在伤口上，不过不要浪费时间去找这些东西。一定要用力按住，尽管是直接按在伤口上，也要用力按到止住流血为止。在这个过程中，最好不要松开手去检查血是不是已经止住了。用力压 30 分钟，然后再松开手检查。通常情况下，30 分钟已经足够止血了。

如果 30 分钟的按压还不能止血的话，那就需要用敷布来压迫伤口。敷布由厚厚的纱布或者其他相配的材料组成，直接包敷在伤口上，然后用绷带牢牢绑住。绷带可对伤口周围造成压力从而止血。敷布应该绑得比平常的绷带紧，但是不能紧到危害肢体其余部分的血液流通。如果发现以下情形，就说明绷带绑得太紧了：摸不到脉搏，指甲和皮肤变成紫色，绷带附近的肢体有刺痛或者疼痛感。

敷布一旦绑上就不要拿下来，即使出血还在继续。如果绷带被血浸透了，说明已经不能产生足够的压力止血，那就需要增加压力，可以再绑一块敷布覆盖在原来的敷布上面。在绑另外一块敷布时需要抬高受伤的肢体，同时用手指压住伤口。

敷布需要保留 1～2 天，之后拆掉重新换一块小一点儿的敷布。在此期间，需要经常检查敷布和伤口，看看出血是不是已经止住了，血液流通是否顺畅，有没有感染。如果不这么做，一旦出现血液流通不畅的问题，就很容易导致生坏疽或者冻伤，严重时甚至会让肢体坏死。

美军士兵学习按压止血

抬高肢体

尽量抬高受伤的肢体，使之高过心脏，这样可以帮助血液回流至心脏，并且降低伤口的血压，从而减少流血。不过，单纯地抬高肢体并不能完全止血，必须同时压住伤口。

在包扎时抬高受伤的肢体

止血带

只有当直接按压和抬高肢体都未能成功止血时，才需要用止血带止血。直接施压是非常有效的方法，所以止血带通常很少用到，而且因为下列原因，一般不建议使用止血带：止血带如果绑缚正确的话，止血带内肢体的血液流动会被阻止，导致肢体的组织损伤。如果止血带绑缚的时间太长，损伤会逐渐严重，导致坏疽产生，最后使整个肢体坏死；止血带可能会阻止静脉血液流通，却不能阻止动脉血液流通，从而造成比使用止血带前更厉害的动脉出血；止血带如果绑得不正确，会导致绑扎部位的神经以及其他组织永久性受损。

如果必须使用止血带，你可以用牢固、柔软的材料，诸如纱布、大块手帕、三角绷带、毛巾等材料临时做一个止血带。为了把对神经、血管以及其他皮下组织的损害减少到最小程度，止血带在包扎前最好是 8 ～ 10 厘米宽，包扎后至少 2.5 厘米宽。包扎止血带的步骤如下。

（1）在肢体的伤口和身体之间，位于伤口上方 5 ～ 10 厘米的地方绕好止血带。切记不要把止血带直接置于伤口或骨折之处。

（2）将止血带绕肢体两圈，打一个半结，然后放一根短棍或者类似东西在结上，再打一个双结使之固定。

（3）把短棍当作把手用，拧紧止血带，紧到能止血就行了。绑止血带前，如果能摸到肢体上的脉搏，那么绑完之后检查一下，如果摸不到脉搏，说明止血带已经绑得足够紧了。

（4）绑紧止血带后，把短棍的另一端固定在肢体上，防止松开。

（5）固定好短棍之后，清洁、包扎伤口。如果你是孤身一人，绑好止血带之后就不要再松开它。

使用短棍拧紧止血带

美国陆军士兵学习腿部止血

5.1.3 | 休克的处理

休克本身并不是疾病，它只是一个症状，或者一系列症状的综合。导致这些症状产生的原因是体内血液流通不足，身体想努力补偿这种不足。外伤、中暑、过敏、严重感染、中毒或者其他原因都能导致休克。

休克的早期症状表现为皮肤苍白、脉搏快速跳动、四肢发冷、干渴、嘴唇干裂等，之后会出现头晕、不辨方向、莫名躁动、虚弱无力、发抖、出冷汗、小便减少等更严重的症状。如果休克越来越严重，会进一步产生以下症状：快速而微弱的脉搏，或者没有脉搏；不规则的喘气；瞳孔放大，对光线反应迟钝；神志不清，最终昏迷并死亡。

如果休克得不到正确医治可能会导致死亡，尽管导致休克的创伤可能并不严重。受伤的人不管有没有出现休克症状，都应该接受以下治疗以防止或者控制休克。

如果患者是清醒的，将他放在平坦的地方，下肢抬高 15 ～ 20 厘米。如果患者已经失去了知觉，让他侧躺或者面朝下，头部歪向一边，以防止他被呕吐物、血，或者其他液体呛着。如果拿不准采用什么姿势，就把患者放平。如果患者进入休克状态，不要移动他。

尽量保持患者体温，有些时候，需要从外部给患者提供热量。如果患者浑身已经湿透，应尽快脱下他的湿衣，换上干衣。如果气温较低，可以用衣服、降落伞、树枝或者其他可能的东西垫在患者身下，使之和地面隔开。如有条件，也可临时搭建一个避身场所使患者与外界隔开。

从外部给患者提供热量可以采用如下方式：热的饮料或食物，预热过的睡袋，他人体温，壶装热水，用衣服包住的热石块或者在患者两边生火。不过，只有在患者清醒的时候才可以喂他热的饮料或者食物。如果患者失去了知觉或者腹部受了伤，不要给他喝任何东西。

如果患者是孤身一人，应该找一个地方让他躺下，洼地、树下或者其他可以避开风雨的地方都可以，要使头部比脚部低。尽量保持体温，并且休息至少24小时。

美军士兵在抢救休克的同伴

5.1.4 | 包扎的方法

包扎是外伤现场应急处理的重要措施之一。及时正确的包扎，可以达到压迫止血、减少感染、保护伤口、减少疼痛以及固定敷料和夹板等目的。相反地，错误的包扎可导致出血增加、加重感染、造成新的伤害、遗留后遗症等不良后果。

包扎要点

在外伤急救现场，不能只顾包扎表面看得到的伤口，而忽略其他内在的损伤。同样是肢体上的伤口，有没有骨折，其包扎的方法就有所不同，有骨折时，包扎应考虑到骨折部位的正确固定；同样是躯体上的伤口，如果同时出现内部脏器的损伤，如肝破裂、腹腔内出血、血胸等，则应优先考虑内脏损伤的救治，不能在表面伤口的包扎上耽误时间；同样是头部的伤口，如同时损伤颅脑，不是简单的包扎止血就完事了，还需要加强监护。头部受到撞击后，即使感觉良好，也需观察 24 小时。如出现头胀、头痛加重，甚至恶心、呕吐，则表明存在颅内损伤，需要紧急救治。因此，在对伤者明显可见的伤口进行包扎之前或同时，一定要了解有没有其他部位的损伤，特别要注意是否存在比较隐蔽的内脏损伤。

对于与体腔相通的开放性伤口，现场一般只需对伤口进行简单的覆盖，然后尽快交由医务人员救治。例如，头颅外伤者如果鼻孔、耳朵流出较大量的淡红色液体，则应考虑颅底骨折，伤口与颅腔有相通之处。不要在现场试图压迫和填塞伤者鼻孔、耳朵，以免造成颅内感染。

与腹腔相通的腹部伤口，可用干净的纱布、毛巾、被单等覆盖。如有肠管或网膜从创口处膨出，切勿试图将其回纳腹腔内，以免加重腹腔污染。对膨出的肠管或网膜，应用干净的碗将其完全盖住，或用干净纱布圈套于周围再进行包扎，以防挤压膨出的肠管或网膜。与胸腔相通的胸部伤口，可造成开放性气胸。其中，交通性气胸与张力性气胸症状严重，甚至可致昏迷、死亡。

对于交通性气胸，应尽快用无菌纱布或其他清洁的敷料封闭伤口，包扎固定，防止反常呼吸，以便减轻症状和减轻持续伤害。对于张力性气胸，由于破裂口形成单向活瓣，当人吸气时裂口开放，气体不断进入胸膜腔；呼气时裂口关闭，以至于气体不能排出。胸腔内压力不断增加，使肺受压增加，从而导致进行性呼吸困难。此时需做紧急排气处理，可用大号注射针头在患者锁骨中线第二肋间刺入胸膜。

在有出血的情况下，外伤包扎的实施必须以止血为前提。如不及时止血，则可造成严重失血、休克，甚至危及生命。在包扎伤口时，尽量不要移动患者，以免造成难以挽救的损伤。例如，造成长骨完全骨折患者的骨折端刺伤重要血管、神经，造成脊柱骨折的患者脊髓损伤而发生截瘫等。

对于骨折患者，包扎时应该把关节固定在功能位置上。保持在功能位置上的关节，就算伤后关节不能活动，也可以最大限度地保留原关节的一些生理功能。对上肢来说，最重要的是保证手的功能；对下肢来说，主要是保证步行的功能。因此，肘关节的功能位置是屈曲近90度，膝关节的功能位置是稍屈10度，各手指关节的功能位置是屈曲45度。踝关节的功能位置是90～95度。此外，包扎的松紧程度也很重要。如果包扎松散，起不到固定的作用，短期就有可能发生出血、疼痛、休克等危险，长期则可能造成畸形愈合和假关节。如果包扎太紧，还有可能造成机体新的损伤。

美国陆军士兵为受伤的队友包扎伤口

伊拉克士兵学习伤口包扎　　　　　　美军士兵正在练习头部包扎

 包扎步骤

　　包扎器材包括三角巾、绷带、四头带等，紧急条件下，干净的毛巾、头巾、手帕、衣服等也可作为临时的包扎材料。在包扎前，应该仔细清洁伤口。

　　清洁伤口前，先让患者躺在适当位置，以便救护人操作。如果周围皮肤太脏并杂有泥土等，应先用清水洗净，然后使用 75% 酒精或消毒液对伤口周围皮肤进行清洁。如果伤口周围皮肤用碘酒消毒（不可直接涂抹在伤口上），必须再用酒精擦去，以避免碘酒灼伤皮肤。

　　伤口要用棉球蘸生理盐水轻轻擦洗。1000 毫升凉开水加 9 克食盐，就可以自制生理盐水。在清洁、消毒伤口时，如有大而易取的异物，可酌情取出；深而小又不易取出异物切勿勉强取出，以免把细菌带入伤口或增加出血。如果有刺入体腔或血管附近的异物，切不可轻率地拔出，以免损伤血管或内脏引起危险，现场不必处理。

　　伤口经过清洁处理后，要做好包扎。包扎具有保护伤口、压迫止血、减少感染、减轻疼痛、固定敷料和夹板等作用。包扎时，要做到快、准、轻、牢。快，即动作敏捷迅速；准，即部位准确、严密；轻，即动作轻柔，不要碰撞伤口；牢，即包扎牢靠，不可过紧，以免影响血液循环，也不能过松，以免纱布脱落。不同的包装器材，包扎的方法也有所不同。

美军士兵正在进行急救训练

创可贴、尼龙网套包扎

创可贴有止血、消炎、止痛、保护伤口的作用，可根据伤口情况选择不同的规格使用。尼龙网套在急救时可以有效帮助止血、保护伤口。

绷带包扎

绷带包扎的方法有环形、蛇形、螺旋形、螺旋反折形、8 字形、回反形等。

环形包扎是绷带包扎法中最基本、最常用的一种，用于开始和结束包扎时，或包扎颈部、头部、腿部以及胸腹等处，也可使绷带环向同一方向逐渐错开，适用于包单眼、单耳。具体步骤是：第一圈环绕稍作斜状，第二圈、第三圈作环形，并将第一圈斜出的一角压于环形圈内，这样固定更牢靠。最后用粘膏将尾部固定，或将带尾剪开成两头打结。

蛇形包扎主要用于绷带不足或临时简单固定夹板时，具体步骤是：先将绷带环形缠绕数圈固定，然后按绷带的宽度作间隔的斜着上缠或下缠。

螺旋形包扎如螺旋状缠绕，后一周压住前一周的 1/2 ～ 1/3，主要用于上臂、大腿、躯干及手指等周径相近的部位。

美军士兵使用绷带为同伴包扎

螺旋反折形包扎是在螺旋形包扎的基础上每周反折成等腰三角形，每次反折处应对齐以保持美观，主要用于包扎径围不一致的小腿和前臂。

8 字形包扎是按"8"字的书写行径包扎，交叉缠绕，包扎牢固，应用较广，可用于包扎肘、膝关节、腹股沟或前臂、小腿、足跟、足背、手掌和手背等处。

回反形包扎主要用于包扎头顶和残肢端等处，从顶端正中开始，分别向两侧回反，直到顶端包没为止。

美军士兵为同伴包扎头部伤口

三角巾包扎

三角巾可对全身各部位进行止血和包扎，尤其是肩部、胸部、腹股沟部和臀部等不易包扎的部位。三角巾不仅是较好的包扎材料，还可作为固定夹板、敷料和代替止血带使用。三角巾包扎的方法主要有头顶帽式包扎法、头顶风帽式包扎法、面具式包扎法、胸部包扎法、背部包扎法、手足包扎法、手臂悬吊法等。

头顶帽式包扎法是先将三角巾底边折叠，把三角巾底边放于前额拉到脑后，相交后先打一半结，再绕至前额打结。

头顶风帽式包扎法是将三角巾顶角和底边中央各打一结成风帽状。顶角放于额前，底边结放在后脑勺下方，包住头部，两角往面部拉紧向外反折缠绕下颌。

面具式包扎法是将三角巾顶角打一结，适当位置剪孔（眼、鼻处）。打结处放于头顶处，三角巾罩于面部，剪孔处正好露出眼、鼻。三角巾左右两角拉到颈后在后面打结。

胸部包扎法是将三角巾顶角向上，贴于局部，如系左胸受伤，顶角放在右肩上，底边扯到背部在后面打结；再将左角拉到肩部与顶角打结。

背部包扎法和胸部包扎法相同，只是位置相反，结打于胸部。

手足包扎法是将手、足放在三角巾上，顶角在前拉在手、足的背上，然后将底边缠绕打结固定。

手臂悬吊法主要用于上肢骨折，悬吊方法是：将患肢成屈肘状放在三角巾上，然后将底边一角绕过肩部，在背后打结。

四头带包扎

四头带主要用于包扎鼻部、下颌、前额及后头部的创伤。

美军士兵在练习胸腹包扎

5.1.5 | 转移伤病员的方法

经过现场的初步急救处理后，要尽快将伤病员转移到舒适的养伤地点，或者送到己方营地做进一步的救治，这就需要转移伤病员。如果转移工作做得正确及时，不但能使伤病员迅速地得到较全面的检查、治疗，而且能减少在这个过程中病情的加重和变化。如果转移不当，轻则延误对病人及时的检查治疗，重则使伤情、病情恶化，甚至造成死亡，使现场抢救工作前功尽弃。因此，绝不能低估转移伤病员的意义。转移伤病员时，要根据伤病员的具体情况，选择合适的搬运方法。

　　在仅有一位救护者时，可以采用的搬运方法有扶行法、背负法、爬行法和抱持法等。扶行法适用于没有骨折，伤势不重，能自己行走的伤病员，救护者需要将伤病员的一侧上肢绕过自己的颈部，然后用手抓住伤病员的手，另一只手绕到伤病员背后，搀扶行走；背负法适用于体轻、清醒的伤病员，并且没有上肢、下肢和脊柱骨折的情况。救护者需要朝向伤病员蹲下，让伤病员将双臂从自己肩上伸到胸前，然后抓住伤病员的大腿，慢慢站起来；爬行法适用于在狭窄空间或浓烟的环境下，搬运清醒或昏迷伤病员；抱持法适用于没有骨折，体重较轻的伤病员，是短距离搬运的最佳方法。救护者需要蹲在伤病员的一侧，面向伤病员，一只手放在伤病员的大腿下，另一只手绕到伤病员的背后，然后将其轻轻抱起。

单人扶行法

　　在有两位救护者时，可以采用的搬运方法有轿杠式和双人拉车式。轿杠式适用于清醒的伤病员，其具体方法是：两名救护者面对面各自用右手握住自己的左手腕，再用左手握住对方右手腕，然后蹲下让伤病员将两上肢分别放到两名救护者的颈后，再坐到相互握紧的手上。两名救护者同时站起，行走时同时迈出外侧的腿，保持步调一致；双人拉车式适用于意识不清的伤病员，具体方法是：一人站在伤病员的背后将两手从伤病员腋下插入，把伤病员两前臂交叉于胸前，再抓住伤病员的手腕，把伤病员抱在怀里，另一人反身站在伤病员两腿中间将伤病员两腿抬起，两名救护者一前一后地行走。

以色列士兵将受伤同伴放到担架上

在有三位或四位救护者时，可以采用的搬运方法有三人异侧运送、四人异侧运送。三人异侧运送的具体方法是：两名救护者站在伤病员的一侧，分别在肩、腰、臀、膝部，第三名救护者可站在对面，两臂伸向伤病员臀下，握住对面救护者的手腕。三名救护员同时单膝跪地，分别抱住伤病员肩、后背、臀、膝部，然后同时站立抬起伤病员；四人异侧运送的具体方法是：三名救护者站在伤病员的一侧，分别在头、腰、膝部，第四名救护者位于伤病员的另一侧。四名救护员同时单膝跪地，分别抱住伤病员颈、肩、后背、臀、膝部，再同时站立抬起伤病员。

以上是徒手搬运伤病员的方法，如有条件，也可以就地取材制作一副简易担架。用粗绳在两个竹竿间交叉结成锯齿状结构，即可做成一副简易担架。利用木棒与大床单折叠，也可快速制成简易担架。如果急救现场一时找不到粗绳或大床单，救护者可将衣裤脱下套在两个木棒之间制成简易担架。此外，还可以用大床单将伤病员放在中央，两端卷起，两侧各站三人，一起抬起，搬运伤病员。需要注意的是，凡是创伤伤员一律应用硬直的担架，绝不可用软性担架。如果是腰部、骨盆处骨折的伤员，就要选择平整的硬担架。在抬送中，应尽量减少震动，以免增加伤病员的痛苦。

美军士兵使用担架转移伤员

5.2 | 常见野外伤病防治

5.2.1 | 意外伤害急救

溺水

溺水者常面部青紫、肿胀、双眼充血，口腔、鼻孔和气管充满血性泡沫。肢体冰冷，脉细弱，甚至抽搐或呼吸心跳停止。溺水致死主要是气管内吸入大量水分阻碍呼吸，或因喉头强烈痉挛，引起呼吸道关闭、窒息死亡。

如果是自己溺水，而自己又不熟悉水性，正确的做法是一边呼救，一边自救：取仰卧位，头部向后，使鼻子可露出水面呼吸。呼气要浅，吸气要深。

营救溺水者的正确姿势示意图

因为深吸气时，人体比重降到 0.967，比水略轻，可浮出水面（呼气时人体比重为 1.057，比水略重），此时千万不要慌张，不要将手臂上举乱动，而使身体下沉更快。如果熟悉水性，只是因为小腿抽筋等意外状况而身陷险境，则要保持镇静，采取仰泳位，用手将抽筋的腿的脚趾向背侧弯曲，可使痉挛松解，然后慢慢游向岸边。

如果要救护溺水的人，应迅速游到溺水者附近，观察清楚位置，从其后方出手救援。或投入木板、救生圈、长杆等，让溺水者攀扶上岸。

将溺水者救上岸后，应采取以下措施。

（1）清除口、鼻中的杂物。

上岸后，应迅速将溺水者的衣服和腰带解开，擦干身体，清除口、鼻中的淤泥、杂草、泡沫和呕吐物，使上呼吸道保持畅通，如有活动假牙，应取出，以免坠入气管内。如果发现溺水者喉部有阻塞物，则可将溺水者脸部转向下方，在其后背用力一拍，将阻塞物拍出气管。如果溺水者牙关紧闭，口难张开，可在其身后，用两手拇指顶住溺水者的下颌关节用力前推，同时用两手食指和中指向下扳其下颌骨，将口掰开。为防止已张开的口再闭上，可将小木棒放在溺水者上下牙床之间。

（2）空水。

在进行上述处理后，应着手将进入溺水者呼吸道、肺部和腹中的水排出。这一过程就是空水。常用的一种方法是，救护者一腿跪地，另一腿屈膝，将溺水者腹部搁在屈膝的腿上，然后一手扶住溺水者的头部使口朝下，另一手压溺水者的背部，使水排出。

（3）人工呼吸。

人工呼吸是使溺水者恢复呼吸的关键步骤，应不失时机尽快施行，且不要轻易放弃努力，应坚持做到溺水者完全恢复正常呼吸为止。在实战中，有很多人是在做了数小时的人工呼吸后才复苏的。人工呼吸的节律，约为15～20次/分。

（4）胸外心脏按压。

将溺水者救上岸后，如发现溺水者的心跳已停或极其微弱，则应立即施行胸外心脏按压，通过间接挤压心脏使其收缩与舒张，恢复泵血功能。胸外心脏按压与人工呼吸的配合施行，是对尚未真正死亡的溺水者进行最后挽救，使其恢复自主心跳与呼吸的重要手段。

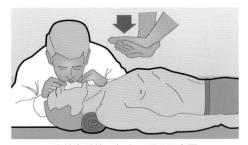

胸外心脏按压与人工呼吸示意图

骨折

　　人体各个部位都可发生骨折，但最常见的还是四肢骨折。根据是否与外界相通，骨折可分为闭合性骨折和开放性骨折。前者骨折断端与外界不相通，骨折处的皮肤没有破损，受伤部位可能出现严重肿胀或瘀伤。后者骨折断端与外界相通。骨折局部皮肤破裂损伤，骨折端暴露在空气中。

　　根据骨折的程度和形态，骨折可分为不完全骨折和完全性骨折。不完全骨折是指骨的完整性和连续性部分中断，包括裂缝骨折（多见于肩胛骨、颅骨）和青枝骨折（多见于儿童）。完全性骨折是指骨折端完全断裂开，包括粉碎性骨折（骨折片块状碎裂成三块以上）、嵌顿性骨折（断骨两端互相嵌在一起）和压缩性骨折（骨头严重受压后变短，多见于脊椎）。

　　要辨别是否骨折，可从以下几个方面来判断：①疼痛。剧痛，伤处有压痛点，移动加剧。②肿胀。血管破裂出血，软组织损伤导致肿胀。③畸形。肢体短缩、弯曲或者转向。④功能障碍。骨折处活动受限，如上肢骨折时不能屈伸、握拳等。⑤神经、血管检查。末梢循环是否良好。⑥触摸脉搏。⑦观察手指、脚趾感觉、活动度及皮肤颜色。

　　如果是轻度无伤口骨折，尚未肿胀时，在有条件的情况下，应先进行冷敷处理，使用冰水、冰块或者冷冻剂敷住骨折部位防止肿胀。如有伤口则不宜冷敷。如果有开放性伤口，除应及时恰当地止血外，还应立即用消毒纱布或干净布包扎伤口，以防伤口继续被污染。伤口表面的异物要取掉，外露的骨折端切勿推入伤口，以免污染深层组织。有条件者最好用消毒液冲洗伤口后再包扎、固定。

　　现场急救时及时正确地固定断肢，可减少疼痛及周围组织继续损伤，同时也便于伤员的搬运和转送。但急救时的固定是暂时的。因此，应力求简单而有效，不要求对骨折准确复位；开放性骨折有骨端外露者更不宜复位，而应原位固定。急救现场可就地取材，如木棍、板条、树枝、手杖或硬纸板等都可作为固定器材，其长短以固定住骨折处上下两个关节为准。如找不到固定的硬物，也可用布带直接将伤肢绑在身上，骨折的上肢可固定在胸壁上，使前臂悬于胸前；骨折的下肢可同健肢固定在一起。

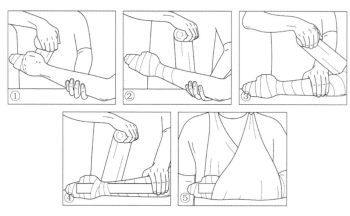

上肢骨折的包扎和固定示意图

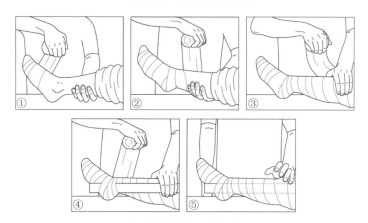

下肢骨折的包扎和固定示意图

美军士兵练习骨折急救

乌克兰士兵学习骨折急救

冻伤

　　冻伤是低温袭击所引起的全身性或局部性损伤。引起冻伤的原因主要是低温、身体长时间暴露、潮湿、风、水所造成的大量热量流失。冬季夜间温度很低，经常在 −8° 以下，若夜间行走也容易发生冻伤。冻伤多发生在手指、脚趾、手背、足跟、耳郭、鼻尖、面颊部等处。

　　在冬季寒冷环境中活动时一定要做好自我保护工作，穿着一定要暖和，同时增加蛋白质和脂肪摄入量，保证合理的营养供给。在高寒地带，不要把易受冻的部位暴露在外，如手、脸部、耳朵。戴一双暖和的手套，要扎紧手套、衣服和裤子的袖口，防止风雪侵入衣服内，脸上可戴上护脸套，耳朵也要戴上耳罩，这样才能防止这些敏感的部位发生冻伤。另外，不要站在风比较大的风口处，切记不要在疲劳或是饥饿的时候坐卧在雪地上。被冻伤的局部，在初期可能没有明显刺痛感或是某种现象，因此要随时注意观察自己易被冻伤的部位，也可以叫同伴观察自己是否有冻伤症状。

　　如果发生一度冻伤，可让自己主动活动，并按摩受冻部位，促进血液循环。另外，可用辣椒、艾蒿、茄秆煮水熏洗、热水（不能太烫）浸泡，再涂以冻疮膏即可；如果发生二度冻伤，水泡可在消毒后刺透，使黄水流出再包扎，伤口已破损者按感染伤口处理；如果发生三度冻伤，应尽快脱离低温环境，保暖，促进肢体复温，不可用雪擦、火烤或温水浸泡，否则会加重冻伤；当全身冻伤者出现脉搏、呼吸变慢的话，就要保证呼吸道畅通，并进行人工呼吸和心脏按压。要渐渐使身体恢复温度，然后寻求专业治疗。全身体温过低的伤员，为促进复温，可采用全身浸浴法，浴水温度保持在35～42℃之间。

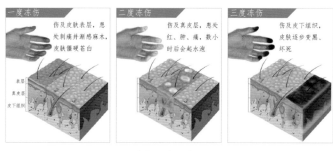

冻伤程度示意图

中暑

中暑是指由于高温或引起高热的疾病使人体体温调节功能紊乱而发生的综合征。根据中暑症状的轻重，可以分为先兆中暑、轻度中暑和重度中暑。

先兆中暑是指出现轻微的头晕、头痛、耳鸣、眼花、口渴、浑身无力及行走不稳等症状。轻度中暑是指除以上症状外，还发生体温升高、面色潮红、胸闷、皮肤干热，或有面色苍白、恶心、呕吐、大汗、血压下降、脉细等症状。重度中暑是指除上述症状外，出现昏倒痉挛，皮肤干燥无汗、体温40℃以上、严重脱水导致休克等症状。

重度中暑又可分四种类型：①热痉挛。在高温环境下进行剧烈运动大量出汗，活动停止后常发生肌肉痉挛，主要累及骨骼肌，持续约数分钟后缓解，无明显体温升高。热痉挛也可为热射病的早期表现。②热衰竭。严重热应激时，由于体液和体钠丢失过多引起循环容量不足所致。表现为多汗、疲乏、无力、头晕、头痛、恶心、呕吐和肌痉挛。体温轻度升高，无明显中枢神经系统损伤表现。③热射病。这是一种致命性急症，主要表现为高热（直肠温度≥41℃）和神志障碍。早期受影响的器官依次为脑、肝、肾和心脏。④日射病。这是因为直接在烈日的暴晒下，强烈的日光穿透头部皮肤及颅骨引起脑细胞受损，进而造成脑组织的充血、水肿。由于受到伤害的主要是头部，所以，最初出现的不适就是剧烈头痛、恶心呕吐、烦躁不安，继而可出现昏迷及抽搐。

一旦出现中暑症状，应迅速脱离高热环境，转移至通风良好的阴凉地方。如有条件，可平卧在床，解开衣扣，用冷毛巾敷头部。如果意识清醒，可饮服淡盐水。如果出现高烧、昏迷抽搐等症状，应该侧卧，头向后仰，保持呼吸道通畅，并尽快向医护人员求助。

阴凉处　抬高双脚　平躺　冷敷　补充水分

中暑后的急救措施

☛ 火烧伤

被火烧伤，正确施行现场急救，会为后继的治疗奠定良好基础。反之，不合理或草率的急救处理，会耽误治疗和妨碍愈合。火烧伤紧急处理方法如下所述。

（1）保护受伤部位。

迅速脱离热源。如附近有凉水，可先冲淋或浸浴以降低局部温度。受伤部位的衣物应剪开取下，不可剥脱。为了减少感染，可用清洁的被单、衣服等覆盖创面或简单包扎。转移时，应受伤部位向上，以免受压。

（2）镇静止痛。

保持情绪稳定，勿惊恐，勿烦躁。手足烧伤的剧痛，常可用冷浸法减轻。如果烧伤严重，可酌情使用镇痛药，用药须经静脉，但又须注意避免抑制呼吸中枢。

（3）呼吸道护理。

被火烧伤后，呼吸道有可能被烟雾、热力等损伤，必须重视呼吸道通畅。如有必要，应及时切开气管，给予氧气。已昏迷的烧伤者也须注意保持呼吸道通畅。

火灾现场有大量有害气体

化学烧伤

化学烧伤比单纯的热力烧伤更为复杂，由于化学物品本身的特性，化学物质对人体组织有热力、腐蚀致伤作用，可造成对人体组织的不同损伤，其烧伤程度取决于化学物质的种类、浓度和作用持续时间，所以在急救处理上各有其特点。

（1）强酸类烧伤。

强酸类如盐酸、硫酸、硝酸、王水、碳酸等，伤及皮肤时，因其浓度、液量、面积等因素不同而造成轻重不同的伤害。酸与皮肤接触，可以立即引起组织蛋白的凝固使组织脱水，形成厚痂。厚痂的形成可以防止酸液继续向深层组织浸透，减少损害。盐酸、碳酸的烧伤，创面呈白色或灰黄色；硫酸的创面呈棕褐色；硝酸的创面呈黄色。如系通过衣服浸透烧伤，应立刻脱去衣服，并迅速用大量清水反复地冲洗伤面，充分冲洗后也可用中和剂（小苏打水、肥皂水、酒精等）冲洗。

（2）强碱类烧伤。

强碱类如苛性碱（氢氧化钾、氢氧化钠）、石灰等，其对人体组织的破坏力比强酸更重，因其渗透性较强，深入组织可使细胞脱水，溶解组织蛋白，形成强碱蛋白化合物而使伤面加深。如果碱性溶液浸透衣服造成的烧伤，应立即脱去受污染的衣服，并用大量清水彻底冲洗伤处。充分清洗后，可先用稀盐酸、稀醋酸（或食醋）中和剂，再用碳酸氢钠溶液或碱性肥皂水中和。

（3）磷烧伤。

磷及磷的化合物在空气中极易燃烧，氧化成五氧化二磷。伤面在白天能冒烟，夜晚可有磷光，这是磷在皮肤上继续燃烧之故。因此伤面多较深，而且磷是一种毒性很强的物质，被身体吸收后，能引起全身性中毒。磷对肝脏具有很强的毒性，可引起肝细胞的坏死，肝脂肪性变；对血管损伤，可引起广泛的出血；对肾脏、心肌及神经都有毒性。

急救处理的原则是灭火除磷，然后用干纱布包扎。如磷仍在皮肤上燃烧，应迅速灭火，用大量清水冲洗，再仔细察看局部有无残留磷质，也可在暗处观察，如有发光处，用小镊子夹除。一般烧伤多用油纱布局部包扎，但在磷烧伤时应采用干纱布包扎，因磷易溶于油类，促使机体吸收而造成全身中毒。

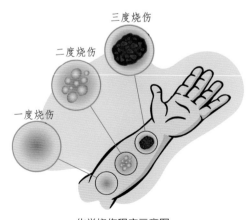

化学烧伤程度示意图

电烧伤

电烧伤主要可分为三种：①电火花烧伤。由于电火花引起的烧伤，与一般烧伤表现类似，因此与一般烧伤处理无异。②电弧烧伤。电流通过空气介质，或电路短路时产生强大的弧光和火花致伤，电流没有通过机体。电弧烧伤的灭火方法与火焰烧伤相同。③电击伤。与电源直接接触引起的烧伤。

电击伤是一种发生急而快的损伤，电流直接通过身体，不仅烧伤深，且常可危及生命。救护者应当机立断，及时采取以下急救措施。

（1）即刻切断电源，用不导电的物品（如干木棒、扁担、干竹竿等）打断电线，或拉断电闸使伤员迅速离开电源。切不可用手拉伤员或电器，以免触电。

（2）伤员脱离电源后，如神志清醒，要就地平躺，暂时不能走动，并严密观察；如伤员神志不清，也应就地平卧并确保呼吸道通畅。救护者可用5秒时间呼叫或拍打伤员，以判定是否意识丧失，但禁止摇动伤员头部。

（3）对呼吸、心跳停止的伤员，应立即进行有效的口对口人工呼吸和胸外按压，直到心跳、呼吸恢复为止。

（4）保护创面，避免受感染。

（5）由于电烧伤有隐匿性、跳跃性的特点，最好尽快接受专业治疗。

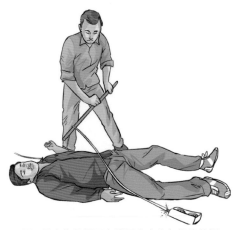

用不导电物品拨开电线是电击伤急救的前提

烫伤

如果发生蒸汽、沸水烫伤事故，应按以下方法救护。

（1）迅速将被蒸汽或沸水烫伤的部位用冷水冲淋或浸泡在水中，以减轻疼痛和肿胀，降低温度，浸泡时间至少在20分钟以上，如果是身体躯干烫伤，无法用冷水浸泡时，则最好用冷毛巾冷敷患处。

（2）如果局部烫伤部位较脏和被污染时，可用肥皂水冲洗，但不能用力擦洗。

（3）患处冷却后，用灭菌纱布或干净的布覆盖包扎。包扎时要稍微用力，以使包扎物紧贴创面，不留空隙。

（4）烫伤后出现水泡破裂，又有脏物时，可用生理盐水或冷开水冲洗，并保护创面，包扎时范围要大些，防止污染。

野外生存时简陋的烹饪工具极易导致烫伤

高原病

医学上以海拔3000米作为界限，将海拔在3000米以上的地区，称为高原地区。高原地区与平原地区的气象性不同点是气压低，导致氧分压也相应降低，易造成人体缺氧，引发高原病。

高原病一般可分为急性和慢性两大类。急性高原病指初入高原时出现的急性缺氧反应或疾病，依其严重程度可分为轻型（或良性）和重型（或恶性）。轻型即反应型或急性高原反应。重型又分为脑型急性高原病（又称高原昏迷或高原脑水肿）、肺型急性高原病（又称高原肺水肿）、混合型急性高原病（即肺型和脑型的综合表现）；慢性高原病指抵高原后半年以上方发病或原有急性高原病症状迁延不愈者，分为高原心脏病、高原红细胞增多症、高原血压异常（包括高原高血压和高原低血压）、混合型慢性高原病（即心脏病与红细胞增多症同时存在）。

求生者应了解和适应高原环境特点，登山前应按计划进行阶段性适应性锻炼，注意防寒和防止上呼吸道感染。初入海拔 3000 米以上地区，大多数人都可能出现高原反应症状：头痛、头晕、胸闷、气短、心悸、食欲减退、恶心、呕吐，记忆力和思维能力减退，并可伴有失眠、多梦、口唇发绀等症状。一般在前两天症状明显，以后减轻，一周左右消失。少数人症状加重，发展为高原肺水肿或高原脑水肿。轻症患者可自愈，重症患者需要对症治疗，如镇痛、吸氧、服用利尿药等。如果医疗条件不好，应尽快返回低海拔地区。

在高原地区作战的美军士兵

雪盲症

　　雪盲症是一种由于眼睛视网膜受到强光刺激引起暂时性失明的一种症状，经常发生在登高山、过雪地的人身上。造成雪盲的原因是因为双眼暴露在雪地中，没有墨镜保护的眼角膜很容易受伤，因为无论是否有阳光照射，雪地的反光都非常强烈，若是艳阳天在雪地中活动，在数小时内即可造成严重的雪盲。雪盲的症状为眼睛发红，非常疼痛，经常流眼泪，对光线十分敏感，甚至很难张开眼睛等。

　　预防雪盲症的方法为佩戴防紫外线的太阳眼镜，可选用聚碳酸酯或CR39 的透镜，或蛙镜式的全罩式灰色眼镜，并补充维生素 A、维生素 B 族、维生素 C 和维生素 E 等。若是发生了雪盲症的症状，可以用眼罩或干净的纱布覆盖眼睛，不要勉强用眼。一般雪盲症的症状可在 24 ～ 72 小时之内恢复。得过雪盲症的人，不注意会再次患病，并会更严重，所以切不能马虎大意。多次雪盲能逐渐使人视力衰弱，引起长期眼疾，严重时甚至永远失明。

一望无际的雪地极易导致雪盲症

👉 原发性缺水

原发性缺水又称高渗性缺水，即水和钠同时丧失，但缺水多于缺钠，故血清钠高于正常范围，细胞外液呈高渗状态。引起原发性缺水的原因：一是摄入水量不足，如昏迷导致不能进食、食管疾病导致吞咽困难等；二是水丧失过多，未及时补充，如高热、大量出汗、大面积烧伤、气管切开、胸腹手术时内脏长时间暴露、糖尿病昏迷等。

根据症状不同，一般可将原发性缺水分为三度：①轻度缺水。除有口渴外，多无其他症状。缺水量为体重的 2%～4%。②中度缺水。有极度口渴，伴乏力、尿少、尿比重高、唇干舌燥、皮肤弹性差、眼窝凹陷并常有烦躁。缺水量为体重的 4%～6%。③重度缺水。除上述症状外，出现躁狂、幻觉、谵语，甚至昏迷等脑功能障碍的症状。缺水量为体重的 6% 以上。

对原发性缺水患者，应尽快补充已丧失的液体，可静脉注射 5% 葡萄糖或低渗盐水溶液。补水量可根据临床表现的严重程度而定，例如，中度缺水的缺水量为体重的 4%～6%，补水量为 2.5～3 升。当日先给补水量的一半，另一半在次日补给，此外，还应补给当日需要量。在补水的同时应适当补钠，以保证人体所需的钠。

在沙漠地区作战的士兵极易出现原发性缺水

5.2.2 | 轻微伤病急救

浅部切割伤

浅部切割伤是指皮肤与浅层肌肉之间的创伤，一般不会引起较大的血管、神经、骨骼和其他器官的损伤，后果一般也不甚严重，但若处理不当，会造成感染，甚至引起更加严重的并发症。对于浅部切割伤，急救时可先用压迫法使伤口止血，尽量选用清洁的布类覆盖或填塞伤口，外加压迫包扎。接着要根据伤口的具体情况施行清创和修复。

如果伤口不深，只是划破皮肤少量出血，只需用清水（或淡盐水）清洗伤口，消毒后用消毒纱布敷盖患处就可以了，这样可以防止伤口发生感染。

如果伤口较深，便需要缝合修复。先用干纱布掩盖伤口，周围皮肤以酒精消毒；取下干纱布，以盐水纱布球蘸洗伤口，再次皮肤消毒。然后，在伤口外周作局部浸润麻醉（没有麻醉药时可省略）。仔细检查伤口内各层受损组织，除去凝血块和破碎的组织，结扎活动的出盘点。仅有皮肤和皮下疏松结缔组织的裂开，可做单层缝合；并有深筋膜裂开者，需先缝合深筋膜，再缝合皮肤和皮下组织，勿留下明显的裂隙。缝合间距不宜过密，以伤口边缘对合为度。缝合后皮肤消毒、外加包扎。如果伤口污染较多或处理时间已超过伤后 8～12 小时，但尚未发生明显的感染，皮肤的缝线暂不结扎，伤口内留置盐水纱条引流。24～48 小时后伤口仍无明显的感染，可将缝线结扎使创缘对合。如果伤口已感染，则取下缝线按感染伤口处理。

如果伤口已经感染，可用呋喃西林等药液纱条敷在伤口内，引流脓液促使肉芽组织生长。肉芽生长较好时，脓液较少，表面呈粉红色、颗粒状突起，擦之可渗血；同时创缘皮肤有新生，伤口可渐收缩。如果发现伤口化脓不好转，脓液呈绿色，且肉芽不能生长或反而销蚀，可能有绿脓杆菌滋生，应改用苯氧乙醇或磺胺米隆等湿敷。如果肉芽呈水肿，可用高渗盐水湿敷。如果肉芽生长过多（超过创缘平面）有碍创缘上皮新生，可用 10% 硝酸银棉签涂肉芽表面，涂后随即用等渗盐水棉签擦去。对浅部软组织的切割伤，除了上述的局部处理，还必须考虑到预防破伤风和使用抗菌药。切割伤为玷污的刀具所致，或发生在不清洁的环境中，或伤口较大，都需用破伤风抗毒血清和抗菌药。抗毒血清必须在伤后 12 小时内注射，才能起到预防作用。

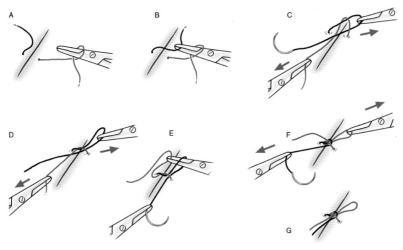

切割伤缝合手法示意图

擦伤和刺伤

擦伤是浅表损伤和毛细血管出血，不可能造成大量失血。伤口处理的重点主要是预防感染。包扎前，应用肥皂水冲洗伤口，然后用流动的清水将伤口冲洗干净，直到伤口没有异物。在出血部位周围皮肤上用碘酒或 75% 酒精涂擦消毒。最后，用干净毛巾或其他软质布料做成的敷料覆盖伤口，再用干净的布、绷带或三角巾等棉织品包扎。

刺伤多为尖锐物品所引起，易伤及人体深部组织和脏器，容易发生感染，特别是厌氧菌的感染。如果流血不是特别快，不要马上按住。流血可以带出脏污的异物，不容易引起感染。特别深的创口，一定要让它充分流血，一般到伤口自动停止流血为止。然后用碘酒涂擦伤口，碘酒干后，用 75% 酒精脱碘，这样会获得很好的消毒效果。最后，用密封敷料包裹伤口。

野外的带刺植物是刺伤发生的主要原因

☞ 足踝扭伤

足踝扭伤是野外活动时很容易出现的伤病，这种外伤是外力使足踝部超过其最大活动范围，令关节周围的肌肉、韧带甚至关节囊被拉扯撕裂，出现疼痛、肿胀和跛行的一种损伤。由于正常踝关节内翻的角度比外翻的角度要大得多，所以足踝扭伤的时候，一般都是脚向内扭翻，受伤的部位在外踝部。

虽然足踝扭伤并不致命，但对于在野外生存的士兵来说，行动不便带来的不利影响却很大。因此，在不幸扭伤足踝后，要尽快采取急救措施，具体方法如下。

（1）休息。

立即停止运动，特别是不要让踝关节运动。扭伤后，应该就势倒下，不让受伤部位负重，避免加重伤情。

（2）冷敷。

冰敷可以刺激血管收缩，让组织液减少，从而达到减轻肿胀和止血的效果。用冰袋或凉毛巾放在最疼的地方，每次敷 20 ～ 30 分钟，在 24 小时内，通常需要 2 ～ 3 小时就冷敷一次，才能收到较好的效果。

（3）加压包扎。

通过包扎实现伤处的制动，使其更为稳定。不能包扎得太紧，以免阻碍血液循环，影响恢复。

（4）抬高患肢。

将腿抬高，注意稍高过心脏，以减轻通向损伤部位的血液，减少内部出血或损伤部位的组织液渗出，有利于减轻肿胀。

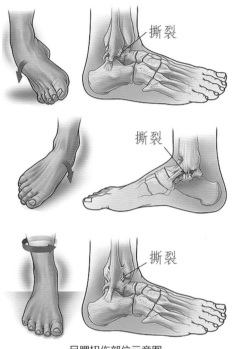

足踝扭伤部位示意图

关节脱位

关节脱位也称脱臼，是指构成关节的上下两个骨端脱离了正常的位置，发生了错位。关节脱位多暴力作用所致，以肩、肘、下颌及手指关节最易发生。关节脱位的表现，一是关节处疼痛剧烈，二是关节的正常活动能力丧失，三是关节部位出现畸形。

发生脱臼后的急救方法分为三步。第一步是复位，以手法复位为主。第二步是固定，将关节固定在稳定的位置上，固定时间为 2～3 周。第三步是功能锻炼，固定期间，经常进行关节周围肌肉的舒张活动和患肢其他关节的主动运动，以促进血液循环、消除肿胀。

如果是肩关节脱位，可通过希氏法进行复位，具体做法是：伤员仰卧，救护者立于伤侧，用足跟置于患肢腋窝部，于胸壁和肱骨头之间作支点，用手握住患肢前臂及腕部顺其纵轴牵引。达到一定牵引力后，轻轻摇动或内、外旋其上肢并渐向躯干靠拢复位。

如果是肘关节脱位，可让伤员平卧，一人固定患肢上臂作对抗牵引，一人握其前臂向远侧顺上肢轴线方向牵引。

如果是桡骨头半脱位，救护者一手握住患肢肘部，拇指触及桡骨小头，另一手轻握其腕部作轻柔的牵引及将其前臂旋前，当肘关节屈曲，同时前臂旋后时即感到桡骨头清脆声或弹动表明其已经复位。

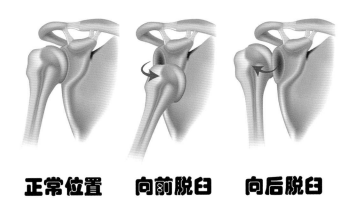

正常位置   向前脱臼   向后脱臼

肩部关节脱位示意图

🖐 肌肉痉挛

肌肉痉挛就是"抽筋"，在野外活动时，抽筋是很普遍的一种现象。抽筋的部位常发生在小腿后侧、大腿后侧以及大腿的前侧。除此之外，包含脚、手指、手臂、腹部，甚至肋骨间的小肌肉都可能发生抽筋。虽然抽筋本身并不致命，但若在游泳、登山、潜水的关键时刻出现抽筋，后果将不堪设想。因此，学会如何正确处理抽筋和避免抽筋是非常重要的一项野外求生技能。

抽筋时，整块肌肉会变得非常坚硬，有时甚至可以看到皮肤下面有肌肉抽动的现象。肌肉痉挛的现象可能几秒钟后就消失，也有可能持续 15 分钟以上。若没有及时处理或是中断原来的运动，可能会在短时间内一再地反复发生。

为了避免抽筋，应在运动前进行充分的热身，尤其要加强"拉筋"的动作。一旦出现抽筋，应该马上中断正在进行的活动，到阴凉通风处，并补充水分。慢慢伸展正在痉挛的肌肉，也可以在抽筋的部位作适度的按摩。治疗过程中，可以辅以热敷或冷敷。

如果小腿抽筋，有两种方法可以快速止痛。方法一：改卧为坐，伸直抽筋的腿，用手紧握前脚掌，向外侧旋转踝关节，剧痛立止。旋转时动作要连贯，一口气转完一周，中间不能停顿。旋转时，如是左腿，按逆时针方向；如是右腿，按顺时针方向。方法二：按压小腿腓肠肌头神经根。在膝关节内侧的两边，有一个地方是腓肠肌头的附着点，通往腓肠肌的神经根干就在里面。小腿抽筋时，用大拇指摸索两边硬而突起的肌肉的主根，然后用强力对此处按压，主导兴奋的神经就会镇静下来，抽筋停止，剧痛消失。

如果是游泳时抽筋，采用以上两种方法止痛在操作手法上有一定困难。因此，游泳时抽筋可采用手使劲往身体方向扳脚趾的方法。扳脚趾时，大腿要尽量向前伸直，同时脚跟向前蹬。扳一次往往难以见效，可反复进行，直至症状缓解为止。当然，每扳一次，必须事先深吸一口气，潜入水中。

小腿后侧是经常发生肌肉痉挛的部位

流鼻血

流鼻血时，应用大拇指和食指紧紧捏住鼻子，把湿毛巾敷在鼻子到额头之间进行降温。这种方法通常可以有效地止住鼻血。如果还不能止住鼻血，应坐在有靠背的椅子上，保持仰卧姿势。把纱布卷起来，轻轻堵住鼻孔。注意不要使用脱脂棉，因为脱脂棉的纤维会残留在鼻子中使出血部位不能愈合，导致重复出血。也不要用卫生纸，因为卫生纸容易伤害鼻腔黏膜导致化脓。如果使用以上方法仍然不能止住鼻血，必须向医护人员求助。

流鼻血的瑞典士兵

眼睛有异物

当污物进入眼睛时，绝对不能用脏手去揉眼睛，必须先把双手洗净。患者可以闭上眼睛，捏起上眼皮的睫毛处，使之与下眼皮重叠。过一会儿松开手，将会有眼泪流出把污物冲掉。另外，也可以用清水冲洗眼睛，冲洗时应把脸横过来用水壶里的水轻轻冲洗。也可以在脸盆里注满清水，把眼睛浸到水中不停眨眼。如果仍然不能取出污物，应立即停止各种尝试，寻求专业治疗。如果感觉污物在眼睛里不停地滚来滚去，那么很有可能是有玻璃或金属粉末扎到了眼球上，有造成失明的危险，因此必须向医护人员求助。

耳中有异物

如果有小虫飞进了耳孔里，通常会感到小虫爬动时的强烈杂音和伴随而来的疼痛。此时，可以把耳孔朝向明亮的地方，保持不动，引诱小虫爬出来。也可以用手电筒等向耳孔里面照射，以吸引小虫爬出。还可以用玻璃吸管向耳孔里滴一滴橄榄油等无刺激性的油把小虫杀死，然后把耳朵朝向下方取出小虫。此外，还可以让同伴吸一口香烟轻轻向耳孔里吹。需要注意的是，绝对不能用掏耳勺等物品向耳孔里面捅。

如果耳朵进水，可以将进水的耳朵朝向下方，一边拉耳垂，一边用同侧的脚单脚跳，并轻轻拍打头部。也可以将耳朵朝向下方，把一块温暖的石头贴在耳朵上。此外，还可以用棉签或纸捻把水蘸出来，不过这种方法容易导致外耳道和鼓膜的损伤，因此尽量避免使用。

皮肤感染

尽管疥疮、真菌感染，还有痱子，很少引起严重的健康问题，但是它们会让你不舒服，影响野外生存时的士气。因此在有条件的情况下，应积极治疗皮肤感染。

对于疥疮，可用热敷布敷在患处，使之脓头长出来，然后用消过毒的小刀、金属线、针头或者类似物品挑开脓头。用肥皂和清水把脓液彻底清洗掉，然后包好伤口，并定期检查，以确保没有进一步感染。

对于真菌感染，应保持皮肤清洁干爽，将感染部分尽可能多地暴露于阳光下直晒，不要用手抓，也不要用碘酒、酒精之类的重药。对于痱子，重点是保持生痱子的地方清洁干爽。如果能找到爽身粉，可以每天擦涂。另外，冷敷布也能帮助止痒。

肠内寄生虫

如果预防措施得当，通常都能避免蠕虫或其他肠内寄生虫的产生。预防肠内寄生虫的最佳途径是：不要吃未煮过的肉，不要吃生的蔬菜。如果肠内已经长了寄生虫，并且缺乏必要的药品，那么可以试试下面一些方法，不过要记住，这些方法并非没有危险。以下方法多数作用是改变肠胃环境。

（1）将四汤匙盐混入一升水中，然后喝下去。这种方法不能重复使用。

（2）抽一两根香烟。香烟中的尼古丁能杀死蠕虫，或者使它们昏厥足够长的时间，然后将它们排出来。如果情况比较严重，在 24～48 小时内，可重复这个治疗方法，记住不要太快重复。

（3）喝两汤匙煤油。如果情况比较严重，在 24～48 小时内，可重复这个治疗方法，记住不要太快重复。

（4）辣胡椒粉。只有当胡椒是患者正常饮食的一部分时，它才会起作用。患者可以直接吃或者放入食物中。

将食物彻底烹熟是预防肠内寄生虫的关键

痢疾

痢疾是常见的、让人虚弱的小毛病，它可能是由于以下某些原因造成的。

水土不服；喝了被污染的水；吃了变质食品；疲劳；使用了不干净的餐具。如果得了痢疾，又没有任何止泻药，可以试试以下措施。

（1）24 小时内限制流食摄入量。

（2）每两小时喝一杯浓茶，直到腹泻频率降低或者停止。茶里面的丹宁酸能有效制止腹泻。阔叶木的树皮中也含有丹宁酸，将树皮煮两个小时以上，使之将丹宁酸释放出来，虽然这种汤药非常难闻，非常难喝，但是多数情况下它都能有效制止腹泻。

（3）用一把石灰，或者一把炭灰，再加处理过的水，制成混合物（混合物必须达到果胶酸的浓度），如果有苹果糊或者柑橘类水果的果皮，按同等比例加入混合物中，会更加有效。每隔两小时服用两汤匙，直到腹泻频率降低或者停止。

在采取止泻措施的同时，你必须大量喝水，以补充身体流失的水分。

5.2.3 | 严重伤病治疗

☞ 伤口感染

在野外生存的时候，一旦受了外伤，通常情况下都会很严重，因为伤口很容易受到病菌的感染，比如皮肤上、衣物上或者其他东西上的细菌，很有可能侵入伤口。而且，造成伤害的物体上面的病菌，也容易致使伤口感染。

当出现以下情况的时候，便是伤口感染的信号。

（1）伤口出现红肿，并带有疼痛感。

（2）体温明显升高。

（3）伤口上或者包扎伤口的布条上出现脓液。

如果伤口感染，下列措施可以帮助我们进行必要的治疗。

（1）将布条用热水浸泡之后，在潮湿状态下敷在伤口上，等布条变凉之后更换新的，反复进行，大概敷半个小时，每天如此进行 3～4 次。

（2）将器具消毒之后，拨开伤口，并深入进去，进行排脓。

（3）敷上布条，将伤口包扎好。

（4）大量饮水。

如果受了严重的外伤，例如枪伤，最好可以用干净的水对伤口进行冲洗，最好选择具有较大水力的冲洗方式。每天冲洗，直到伤口完全愈合。这样的方法可以大大降低伤口的感染概率，但是，这样做会使伤口留下较大的疤痕。

如果伤口已经严重感染而不愈合，又没有抗生素，那么这种普通的清洗方法就没有用处，普通的清创术也收效甚微。所以，在这个时候，可以考虑使用蝇蛆疗法，尽管它存在一定的危险。

（1）将伤口暴露在外，这样苍蝇就有机会接近伤口，一天之后再将伤口盖住。

（2）每天检查伤口生蛆的情况。

（3）如果伤口已经开始生蛆，要继续包扎好，不过每天要坚持检查。

（4）在蛆把坏死的皮肤组织消灭干净，但是还没有破坏健康的皮肤组织的时候，把蛆清除干净。如果疼痛加剧，同时出现鲜红色的血液，这就说明蛆已经开始接触到健康的皮肤组织了。

（5）用消毒水或者新鲜的尿液对伤口进行反复的清洗，直至将蛆清除干净。

（6）在之后的几天，每四小时就要对伤口进行检查，主要是为了确定蛆是否已经完全被清除干净。

（7）将伤口包扎好，接着对伤口进行简单的处理，就像处理其他伤口的流程一样，这样一来，伤口就会自行愈合。

正在包扎伤口的美国陆军士兵

🔫 高热不退

人体的正常温度大概恒定在 36.2～37.3℃之间，如果超出了这个范围，很可能是身体内出现了某些感染或炎症。发热又可以根据温度的高低分为低热（37.4～38℃），中热（38.1～39℃），高热（39.1～41℃）和超高热（>41℃）。高热会引起身体的诸多反应，例如机体代谢紊乱，抑制功能失调，胃肠功能紊乱，神经功能障碍，心功能不全，脑细胞损伤等危害，可引发幻觉、抽搐，甚至休克。如果人的体温达到了 42℃及以上，人可能会在数小时之内死亡。在野外环境下，如果高热一直不退且无法获得专业治疗，应该采用以下措施自救。

（1）冷敷

如果高烧无法耐受，可以采用冷敷帮助降低体温。在额头、手腕、小腿上各放一块湿冷毛巾，其他部位应以衣物盖住。当冷敷布达到体温时，应及时更换，直到烧退为止。也可将冰块包在布袋里，放在额头上。

（2）喝白开水

发烧时身体严重缺水，多喝白开水能够补充人体水分，加速汗液排出，能够快速退烧。

（3）姜水泡脚

如果你能在野外找到生姜，可以熬姜水泡脚，边加水边泡，一直到出汗为止。这是消除感冒引起的发烧的绝佳方法。

（4）姜擦脚心

用生姜擦拭脚心的涌泉穴、后背的大椎穴，也是退热的好方法。

（5）耳尖放血

用三棱针消毒后，在耳尖放血 4～5 滴（需要挤压才能出血），10 分钟后体温就能下降。

（6）酒精擦浴

酒精擦浴是一种很有效的方法，一定要使用稀释后的酒精，在全身擦拭。

（7）充分休息

因为进行任何活动都会进一步提高你的体温，所以充分休息是很重要的。

因高热而精神萎靡的士兵

心脏病

在野外生存中，心脏病是可能出现的一种严重疾病。过重的体力劳动，尤其是负重登山，连续紧张劳累等，都可使心脏负担加重。激动、紧张、愤怒等激烈的情绪变化，突然的寒冷刺激，均有可能诱发心脏病。

在心脏病中，常见的是急性心肌梗死。它是由于供应心肌血液的冠状动脉突然闭塞，导致心肌的血液供应中断，心肌坏死，出现严重的心律失常引起心脏的功能突然丧失，出现猝死。一旦病发后，如果在 2 ～ 4 分钟内没有获得有效的治疗干预，大脑就会出现不可逆的损害。因此，争分夺秒、即时的现场救护非常重要，往往可挽救其生命或争取一定的抢救缓冲时间。

在野外生存中，当发现队友突然意识丧失而倒地时，应立即将其平卧，进行现场救护，拍击其面颊并呼叫，同时用手触摸其颈动脉部位以确定有无搏动，若无反应且没有动脉搏动，就应立刻进行心肺复苏。首先令其头部后仰以畅通气道，继之进行有效的胸外按压，同时进行口对口人工呼吸。

（1）应立即对病人的心前区拳击，拳击的部位是病人左胸前乳头部位。拳击的次数一般为 2～3 次，拳击要有力，而后立即进行心脏部位按摩。按摩时用力要均匀，以一手掌平放病人胸骨下段胸壁上，另一手掌压在该手背上，上下起伏垂直按压。

（2）在对猝死者进行急救时，人工呼吸应和心脏部位按摩同时进行。先解开患者领口和裤带，使其平卧，抽出枕头垫在肩下，用一手将患者颈部托直，使头最仰，打通气道，然后一手捏紧患者双侧鼻孔，急救者口唇与患者口唇密合后进行吹气。

这些基本的救治措施应持续进行到专业急救人员到场。在进行基本的心肺复苏的同时，应尽快呼叫急救人员以采取进一步的救治措施。

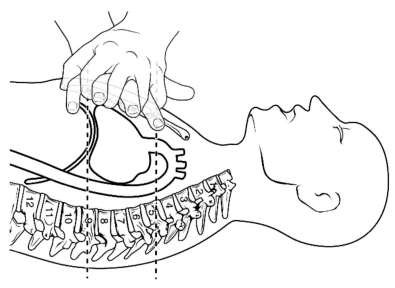

胸外按压位置示意图

5.3 | 危险动物的防范和急救

5.3.1 | 昆虫和节肢动物

🖐 蜂螫伤

一般常见的蜂有蜜蜂、黄蜂和马蜂，这几种蜂都有尾刺，并依靠尾刺把毒液注入人体，只有蜜蜂螫人后把尾刺留在人体内，其他蜂螫人后将尾刺收回。人被单个蜂螫伤，一般只表现局部红肿和疼痛，数小时后可自行消退；若被群蜂螫伤，可出现头晕、恶心、呕吐、呼吸困难、面色苍白等现象，严重者可出现休克、昏迷甚至死亡。

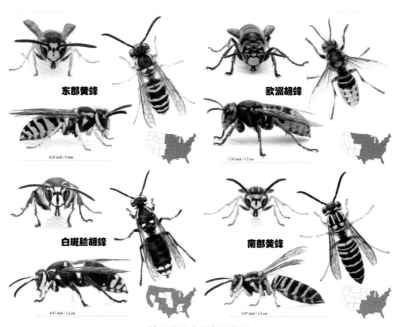

美国境内主要危险蜂种

被蜜蜂蜇伤后，要仔细检查伤口，若尾刺尚在伤口内，可见皮肤上有一小黑点，可用镊子、针尖挑出。在野外无法找到镊子或针时，可用嘴将刺在伤口上的尾刺吸出，不可挤压伤口以免毒液扩散，也不能用红药水、碘酒之类药物涂擦患处，这样只会加重患处的肿胀。因蜜蜂的毒液呈酸性，所以可用肥皂水、小苏打水、淡氨水等碱性溶液涂擦伤口，以中和毒液。另外，也可用生茄子切开涂擦患部，以消肿止痛。伤口肿胀较重者，可用冷毛巾湿敷伤口。

若被黄蜂蜇伤，因其毒液呈碱性，所以可用若酸性液体中和，如食醋、人乳涂擦患部可止痛消肿。若被马蜂蜇伤，用马齿苋嚼碎后涂在患处可起到止痛作用。蜂蜇后局部症状严重、出现全身性过敏反应者，除了给予上述处理外，如带有解毒药可口服解毒，并尽快向医护人员求助。

毛虫蜇伤

毛虫体表长有毒毛，呈细毛状或棘刺状。毒毛螫入人体皮肤后，往往随即断落，放出毒素。被毛虫螫伤后，初期感到局部瘙痒刺痛并伴有烧灼感，一段时间后则患处痛痒加重，甚至溃烂。严重者还可引起荨麻疹、关节炎等全身反应。

被毛虫螫伤后，第一步是去掉毒毛。拔除毒毛的方法很多，可以用各种胶布，也可以用伤湿止痛膏之类的膏药，粘在被螫处，然后

毛虫在野外植物上很常见

再撕开，就能拔除毒毛。如果没有膏药等黏性的物品，则可以用毛巾蘸消毒酒精或是碘酒擦洗患处，可以擦去毒毛，也可以起到消炎的作用。

如果被螫的范围不大，痛痒症状较轻，一般不需要特别处理，一天左右即可自愈。如果被螫部位在衣服遮掩下，那衣服肯定也是沾有毒毛的，因此，在去除皮肤中的毒毛后，衣服也要换掉，以防止毒毛重复刺激身体。如果被

螫的范围较广，可用浓盐水（也可用鲜薄荷或是鲜姜捣烂泡水），反复擦洗全身，最后再用清水冲洗干净。如果疼痛难忍，可以将患处泡在冰水里，或者用冰块冷敷。

蝎子螫伤

蝎子有一个弯曲而尖锐的尾针与毒腺相通，刺入人体后可注入神经性毒液。受伤处大片红肿并带有剧痛。严重者可出现寒战、高热、恶心呕吐、肌肉强直、呼吸增快、脉搏细弱，最终因呼吸衰竭而死亡。

一旦发现被蝎子螫伤，处理原则基本与毒蛇咬伤相同。因螫伤后当时很难判断其后果，均应按重症处理。立即用鞋带、布条等绑扎伤口的近心端，以阻止毒液吸收。绑扎的松紧以阻断淋巴和静脉回流为准，即绑扎肢体远端动脉搏动略减弱。

绑扎完成后，再以小刀、碎玻璃片等尖锐物品火烧消毒后"十"字形切开伤口，深达皮下，拔出毒针，用弱碱性液体（如肥皂水、淡氨水）冲洗伤口，由绑扎处向伤口方向挤压排毒，持续 20 ～ 30 分钟，或用拔火罐法排毒。身边带有解毒药者可立即服用，并用水将药片调成糊状，在距伤口 2 厘米处外敷一圈，注意不要使药物进入伤口。

经过上述处理后，一般可松开近心端的绑扎带。若伤口周围皮肤红肿，可用冷毛巾或冰袋冷敷。同时，尽量多喝水，以利进入体内的毒液尽早排出。但要禁止饮酒。

西班牙荒漠中的蝎子

蜈蚣咬伤

蜈蚣有一对中空的螫，咬人后毒液经此进入皮下。被蜈蚣咬伤后，局部表现为疼痛、瘙痒。全身表现为头痛、发热、恶心呕吐、抽搐及昏迷等。蜈蚣越大，症状越重。

发现被蜈蚣咬伤后，应立即用弱碱性液体（如肥皂水、淡氨水）洗涤伤口，也可用鲜蒲公英或鱼腥草嚼碎捣烂后外敷在伤口上。不必用碘酒或消毒水涂擦伤口，因其毫无用处。另外，也可将解毒药片用水调成糊状，敷于伤口周围。

潮湿地面上的蜈蚣

🔫 蜘蛛咬伤

一般蜘蛛毒性不大，咬伤后可引起局部疼痛、发炎或坏死。毒性最强的是穴居狼蛛（又称黑寡妇、沙漏蜘蛛、致命红斑蛛），雌蜘蛛毒性大于雄性蜘蛛。毒蜘蛛有一对角质螯针，可分泌少量毒液，含有神经毒素和组织溶解毒素。

被毒蜘蛛咬伤后，局部表现为肿胀、疼痛。全身症状表现为精神不振、全身无力、头晕、头痛、恶心、畏寒、发热、盗汗、手足痉挛、腹绞痛、呼吸困难、口唇发绀、血压增高、反射迟钝、瞳孔缩小。严重者，可出现休克、神志昏迷，甚至死亡。

一旦发现被毒蜘蛛咬伤，应立即清洗伤口并涂以2%碘酊，或用石炭酸烧灼。也可用各种蛇药外敷或用其他解毒中草药外敷。重症者，早期应于伤肢近心端用止血带或用手帕、绳索之类包扎，切开伤口，并吸出毒液。然后松开包扎，敷以前述药物。

穴居狼蛛

其他害虫

在求生时，昆虫及相关害虫危害健康，不仅仅因为它们的叮咬本身带来的不舒服，还因为有些昆虫会携带病菌，有些会引起严重的过敏反应。例如，蚊子可能携带疟疾、登革热等疾病；苍蝇可以通过接触传播病毒，它们可能是嗜睡症、伤寒症、霍乱的病源，有时还会携带痢疾病毒；跳蚤可以传播瘟疫；虱子会传染斑疹伤寒症、回归热；扁虱也可能携带并传播疾病，例如，斑疹热。

大多数螫人的昆虫都偏爱深色与鲜艳的衣服，因此在野外活动时应尽量穿着浅色、无花的服装。如果被昆虫叮咬了，不要用手抓，以免引起感染。如果野外生存者知道或者怀疑自己对昆虫叮咬过敏，那么要随身携带防治蚊虫叮咬的药品。另外，还可以敷以下东西在昆虫叮咬的伤口上以止痒及防止其他不适：冰凉的敷布、淤泥和草木灰混合而成的糊状物、蒲公英树液、椰肉或者捣碎大蒜所得的汁液。

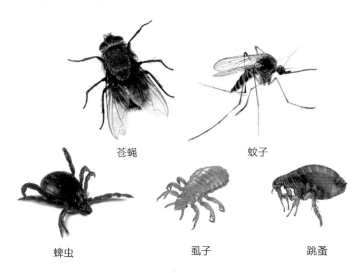

苍蝇　　　　　　　　蚊子

蜱虫　　　　　　　虱子　　　　　　　跳蚤

在野外环境下，每天至少需要检查一次身体，看是否有虫子叮在身上，如果发现身上有扁虱，可用凡士林、重油或者树液等物质涂抹在它们身上，这些物质会切断它们的空气来源，扁虱就会松开口，这个时候就可以把它们从身上弄走了。注意要把整个扁虱都弄掉，如果有镊子的话，可以夹住它的嘴，但是不要捏碎它。在捉完扁虱之后，要洗净双手，因为它们身上的体液可能携带病菌。要每天清洗伤口直到愈合。如果身在羌螨大量滋生的地区，要用肥皂水彻底清洗皮肤，多洗几次。

5.3.2 | 爬行动物

👉 毒蛇咬伤

全世界共有蛇类 2500 种，其中毒蛇有 650 多种。如果人熟悉蛇的种类和生活习性，那么被蛇咬伤的概率很小，但是只要存在被咬伤的可能性，就应该知道如何医治蛇咬伤。在求生时被蛇咬会影响士气，而且如果没有采取预防措施，或者咬伤之后疏于医治，都会造成不必要的悲剧。

预防毒蛇咬伤的措施

（1）进入山区、树林、草丛地带应穿好鞋袜，扎紧裤腿。此外，最好手拿一根棍子，边走边打草丛，使蛇惊吓而逃。

（2）在山林地带宿营时，睡前和起床后，应检查有无蛇潜入避身场所。应将附近的长草、泥洞、石穴清除，以防蛇类躲藏。

（3）在营地扎营时，如果有防蛇的必要，应当带上一些雄黄粉之类的驱蛇之物，将其撒在帐篷或者营地四周，可以避蛇。

美军士兵通过训练克服对毒蛇的恐惧心理

（4）不要随便在草丛和蛇可能栖息的场所坐卧，禁止将手伸入鼠洞和树洞内。

（5）遇见毒蛇，应远道绕过；若被蛇追逐时，应向上坡跑，或忽左忽右地转弯跑，切勿直跑或照直向下坡跑。

（6）如果蛇已被惊动并且立起前身准备攻击，不要惊慌，要原地不动，慢慢地拿出手巾之类的东西，抛向别处以将蛇的注意点引开。

（7）平时应熟悉各种蛇类的特征及毒蛇咬伤急救法。

菲律宾士兵演示徒手对付毒蛇的方法

美军士兵学习被毒蛇缠绕后的应对方法

毒蛇咬伤的急救措施

（1）被咬伤后不要剧烈奔跑，以减慢人体对蛇毒的吸收和蛇毒在人体内的传播速度，减轻全身反应。伤者应立即坐下或卧倒，向同伴求助。

（2）记住伤口的形态，详细告知急救的医务人员，如果把蛇打死，则带上死蛇，以便医务人员及时、正确地进行治疗。

（3）被毒蛇咬伤后，应立即用柔软的绳或带子扎在伤口近心端，如果手指被咬伤可绑扎指根；手掌或前臂被咬伤可绑扎肘关节上部；脚趾被咬伤可绑扎趾根部；足部或小腿被咬伤可绑扎膝关节下部；大腿被咬伤可绑扎大腿根部，以阻断静脉血和淋巴液的回流，减少毒液吸收，防止毒素扩散。绑扎无须过紧，它的松紧度掌握在能够使被绑扎的下部肢体动脉搏动稍微减弱为宜。绑扎后每隔 30 分钟左右松解一次，每次 1～2 分钟，以免影响血液循环造成组织坏死。

（4）立即用凉开水、泉水、肥皂水或 1：5000 高锰酸钾溶液冲洗伤口及周围皮肤，以洗掉伤口外表毒液。

（5）如果伤口内有毒牙残留，应迅速用小刀和碎玻璃片或其他尖锐物挑出，使用前最好用火烧一下以消毒。

（6）以牙痕为中心十字切开，深至皮下，然后用手从肢体的近心端向伤口方向及伤口周围反复挤压，促使毒液从切开的伤口处排出体外，边挤压边用清水冲洗伤口，冲洗挤压排毒须持续 20～30 分钟。

（7）如果伤口里的毒液不能畅通外流，可用吮吸排毒法。随身带有茶杯可对伤口进行拔火罐处理，先在茶杯内点燃一小团纸，然后迅速将杯口扣在伤口上，使杯口紧贴伤口周围皮肤，利用杯内产生的负压吸出毒液。如无茶杯，也可用嘴吮吸伤口排毒，但吮吸者的口腔、嘴唇必须无破损、无龋齿，否则有中毒的危险。吸出的毒液随即吐掉，吸后要用清水漱口。

（8）排毒完成后，伤口要湿敷以利毒液流出。

（9）若身边备有蛇药可立即口服以解内毒。具体用什么蛇药，应根据当时当地能立即采到为原则，灵活运用。

（10）伤员如出现口渴，可给清水饮用，切不可给酒精类饮料以防止毒素扩散加快。

（11）除非肯定是无毒蛇咬伤，否则经过切开排毒处理的伤员也要尽快赶到医院接受专业治疗。

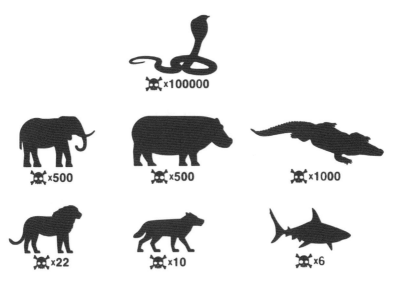

毒蛇是世界上每年杀人最多的动物

被蛇咬伤后的出血伤口

毒蛇的尖牙钩住人体皮肤

🤚 蜥蜴咬伤

蜥蜴是爬行动物中种类最多的族群，全世界已知超过 4000 种，主要分布于热带。不同蜥蜴的体形差异很大，从数厘米长的加勒比壁虎，到近 3 ～ 5 米长的科莫多巨蜥都有。蜥蜴大多无毒，已知的毒蜥只有希拉毒蜥和危地马拉珠毒蜥两种，都分布在北美及中美洲。毒蜥的下颌有毒腺，毒液通过导管注入口腔，再经毒牙的沟注入被毒蜥咬住的伤口内。人被毒蜥咬伤有痛感，但极少致命。

不过，无论是什么类型动物造成的咬伤，伤口都可能会被动物口腔黏液中的细菌感染，没有毒的蜥蜴咬伤也是一样的，这种局部感染是造成之后损伤的主要原因。以科莫多巨蜥为例，其口腔内寄生数量繁多的细菌，对被咬伤的猎物即使当时不能一击毙命，也能引起败血病而衰弱猎物。此外，巨蜥体表和体内都有大量的寄生虫。统计显示，巨蜥体表硬蜱感染率为88.9%，内寄生虫感染率为100%。因此，在野外活动时应尽量避免被蜥蜴咬伤，也不要轻易食用蜥蜴。一旦被蜥蜴咬伤，可采取与蛇咬伤大致相同的急救方法。

希拉毒蜥

鳄鱼袭击

鳄鱼是非常凶猛的爬行动物，倘若遭到它们的攻击，人随时有可能失去生命。因此在野外活动时应该尽量避免进入可能有鳄鱼存在的区域，尤其是不要贸然进入没有探明的水域。鳄鱼最喜欢的捕猎方式是在水中伏击猎物，它们更喜欢攻击体形较小的猎物，因为这样可以在一场简单的战斗中速战速决，鳄鱼并不喜欢为了一次捕猎而消耗太多。

　　如果人不幸处于鳄鱼的栖息地中，那么最好保持警惕，留心观察并与鳄鱼保持一定的距离。在陆地上遇到鳄鱼时，只能选择逃跑：采用 Z 字形的逃跑方式将会使逃跑速度慢下来，而直线逃跑的方式才是最快的。鳄鱼在陆地上的最快移动速度约 18 千米 / 时，而且鳄鱼还不能持续性快速移动，如果追逐猎物的时间太长，它们会放弃猎物。

　　如果很不幸被鳄鱼叼住，最好不要试图撬开它的嘴巴，鳄鱼拥有巨大的咬合力，绝非人力所能撬动。这时候人可以大声喊叫，并用手指攻击鳄鱼的眼睛，在大多数情况下鳄鱼会松开下颌，足以让人有空间逃脱。

鳄鱼在水边休憩

5.3.3 | 水生动物

鲨鱼咬伤

鲨鱼是海洋中最凶猛的生物之一，在所有的海洋里都可以发现鲨鱼的踪迹。很多鲨鱼在深水里生活和捕食，有些鲨鱼则生活在水面附近，在水面附近很容易发现后者，因为它们高高的背鳍经常会伸出水面。鲨鱼经常会游入浅水水域，甚至会进入河流入海口，但是大多数鲨鱼还是在远海水域活动。一般认为，热带和亚热带水域的鲨鱼比温带水域的鲨鱼更具攻击性。

尽管鲨鱼的种类有 325 种以上，但是就目前已知道的而言，只有 20 种左右会攻击人类，其中最危险的四种是大白鲨、灰鲭鲨、虎鲨和双髻鲨。其他一些会攻击人类的鲨鱼还包括：灰鲨、蓝鲨、柠檬鲨、沙鲨、角鲨、牛鲨以及白鼻鲨。大多数鲨鱼一般以活着的动物为食。所有的鲨鱼都有贪婪的胃口，它们利用视线、气味或声音寻找食物。鲨鱼的嗅觉非常发达，水中的血液会使它们兴奋。它们对水里传播的震动非常敏感。鱼儿在鱼钩上的反抗，受伤或垂死的动物在水里的挣扎，动作不协调的游泳者在水里的运动，甚至另一头鲨鱼接近猎物的快速、激烈的行进，都容易将很远的鲨鱼吸引过来。它们也会被不寻常的声音吸引，如水下的爆炸声。

鲨鱼一天 24 小时都在捕食，不过多数鲨鱼袭击人类的事件都发生在白天，特别是傍晚，出现的概率更高。鲨鱼更愿意从人身上撕咬下较小的碎片，以便于吞咽，而不是咬掉人的整条腿或胳膊。它们可以在人的躯干上咬出很深的伤口，一口就可以咬下一大块肉。大多数鲨鱼造成的伤口都呈半月形，在没有撕碎的肉上，经常会有较小牙齿留下的清晰咬痕。

如果人在水中遭遇鲨鱼，应该适当地制造喧哗阻止鲨鱼接近，这样就可以保存体力，一旦鲨鱼攻击，有更多的力气反击。也可以将手指并拢，微屈成杯状，然后拍打水面，这样发出的声音很大，可能会吓走鲨鱼。一旦鲨鱼发起攻击，还可以用脚、用棍子对付鲨鱼。如果可以，要击打鲨鱼腮下或者眼睛。如果打它的鼻子，可能会滑过鼻子，碰到它的牙齿，从而使自己的手受伤。

如果人在救生筏上，并且看到了鲨鱼，应该立刻停止钓鱼，如果在看到鲨鱼之前已经有鱼上钩，让鱼跑掉。任何人都不能把手脚伸到水里，并把装备都放到救生筏里面去。所有人都应保持安静，停止一切行动。如果鲨鱼数量众多，要一直等到晚上再活动。如果鲨鱼向救生筏发动攻击，可以朝鲨鱼附近的水里射击，水里的剧烈震荡可能会吓走鲨鱼。如果没有枪，可以用能找到的任何东西击打鲨鱼，但是不能直接用手打，否则受伤的只会是人。

大白鲨

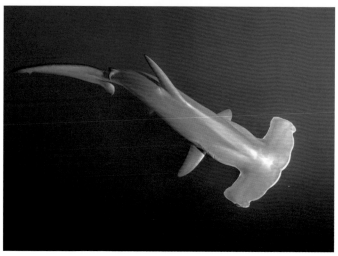

双髻鲨

👉 水母螫伤

　　水母个体大多由伞部和口腕部两部分组成。伞部呈扁平圆盘形或球形，伞的腹面有口，口下悬垂口腕，称口腕部。口腕上有许多小触手，长者达数十米，触手上密布刺丝囊。当触手触及人体时，会立即缩短、卷绕人体，发射刺丝穿入人体皮肤，同时释放毒液。由于触手有很大的表面积和大量刺丝囊，可使人严重中毒。水母绝大多数过着浮游生活，多数种类自泳能力很低，分布受风向、风力、海流及潮流的影响。水母断裂下来的触手碎片被大量冲上海滩，含有的可发射的刺丝囊将保持活性达数月之久。

　　一旦被水母螫伤，应立即上岸，用海水冲洗螫伤处，勿用淡水，也可用40℃热水浸泡，不宜冰敷。不能用毛巾等擦拭，大的触手可用镊子等工具取走。救护者应戴手套，以免自己被螫伤。尽快用 5% 的醋酸（或食醋）浸泡或湿敷螫伤部位，持续至少 30 分钟或直到疼痛消失为止。口腔螫伤应立即反复漱口，眼睛被螫伤应立即用大量淡水清洗。如果能找到马齿苋、穿心莲、龙胆草等植物，可捣碎后涂于患处。

水母

食人鱼咬伤

食人鱼又叫作食人鲳、水虎鱼，主要分布于安第斯山以东至巴西平原的诸河流中。食人鱼主要栖息在主流、较大支流或河宽甚广、水流较湍急处。成鱼主要在黎明和黄昏时觅食，中午会到有遮蔽的地方休息。

食人鱼的颈部很短，头骨特别是腭骨十分坚硬，体呈卵圆形，侧扁，尾鳍呈叉形。食人鱼下颚凸出，牙齿为三角形，尖锐，上下互相交错排列。咬住猎物后紧咬着不放，以身体的扭动将肉撕裂下来，一口可咬下 16 立方厘米的肉。牙齿的轮流替换使其能持续觅食，而强有力的齿列可引致严重的咬伤。不过，食人鱼还有一个独特禀性，就是只有成群结队时才凶狠无比。一旦离群或数量少时，就会变得很胆小。

食人鱼会猎食水中任何移动的东西，尤其对血腥味非常敏感，任何一点血腥味都会激起大群食人鱼的狂暴攻击。因此，在有食人鱼分布的水域活动时，切记不要贸然进入未探明的水域，更不能将带血的生肉丢入水中。

一旦被食人鱼咬伤，应立刻上岸，避免引来更多的食人鱼。如果伤口较小，可用清水和肥皂冲洗，再用手指直接按压伤口，这样通常可以减少血液流出，甚至止血。伤势略重或伤口较深且大，需在伤口近心端用消过毒的纱布条扎紧，然后用木棍穿过纱布并旋转，直到出血停止。15 分钟后放松一次，如出血仍不停止，则再次旋紧。

食人鱼

🤚 蚂蟥吸血

蚂蟥又称水蛭，一般栖于浅水中。但在亚热带的丛林地带，还有一种旱蚂蟥常成群栖于树枝和草上。蚂蟥致伤是以吸盘吸附于暴露在外的人体皮肤上，并逐渐深入皮内吸血。被咬部位常发生水肿性丘疹，不痛。因蚂蟥咽部分泌液有抗凝血作用，伤口流血较多。

发现蚂蟥已吸附在皮肤上，可用手轻拍，使其脱离皮肤；也可用食醋、酒、盐水或清凉油涂抹在蚂蟥身上和吸附处，使其自然脱出。不要强行拉扯，否则蚂蟥吸盘将断入皮内引起感染。蚂蟥脱落后，伤口局部的流血与丘疹可自行消失，一般不会引起特殊的不良后果。只需要在伤口涂抹碘酒预防感染即可。

吸附在人手上的蚂蟥

🤚 河豚毒

河豚的正式名称为河鲀，为硬骨鱼纲鲀科鱼类的统称。河鲀的种类很多，大部分生活在海中，但在淡水及海、淡水汇合处也可发现。河鲀的牙齿和颌骨很坚硬，可以咬碎极硬的贝壳。在受到威胁时，河鲀能够快速地将水或空气吸入极具弹性的胃中，在短时间内膨胀成数倍大小，吓退掠食者。棘鲀科的刺河鲀身上甚至带有刺，膨胀时全身的刺便会竖起，令掠食者难以吞食。

　　一般来说，河鲀不会主动攻击人类，在野外生存时需要注意的是河鲀的剧毒。河鲀毒素是一种无色针状结晶体，属于耐酸、耐高温的动物性碱，为自然界毒性最强的非蛋白物质之一。河鲀毒素所在部位为鱼体内脏，包括肝脏、生殖腺、肠胃及血液等。而精巢和肌肉是无毒的。如果河鲀死后较久，内脏毒素溶入体液中便能逐渐渗入肌肉内。其毒素的毒量多少，常因季节的不同而有变异。每年 2 ～ 5 月为卵巢发育期，毒性较强；6 ～ 7 月产卵后，卵巢退化，毒性减弱。肝脏也以春季产卵期毒性最强。

　　河鲀毒素对人体的最低致死量为 0.5 毫克。因此，士兵在野外生存时，不可轻易食用河鲀，尤其是在春末夏初。如果没有其他食物，只能食用河鲀，则应选择鲜活鱼体，严格去除内脏，以免中毒。

河豚

蟾蜍毒

　　蟾蜍使人中毒的原因，主要是蟾蜍的皮疣有腮腺内含有毒液。如煮食蟾蜍，吃下它的有毒部分（特别是头和皮），或毒液直接接触伤口进入血液，均可引起中毒。蟾蜍卵中的蟾蜍毒素含量较肌肉高，毒力也强。

蟾蜍中毒，一般潜伏期为30～120分钟，中毒症状主要表现有恶心、呕吐，口腔黏膜出现白色斑块。呕吐物先为清水及食物，后因有血与胃酸及胆汁混合，会呈现黑绿色。还可出现腹痛、腹泻、稀水样便，严重者可脱水。中毒者也可有头痛、头晕、嗜睡、出汗、口唇及四肢麻木。中毒者一般清醒或有致幻现象。一些中毒者会出现胸闷、心跳过缓、心律不齐、心房颤动等，严重者可出现四肢厥冷、脉细弱、血压及体温下降以至休克。中毒早期，呼吸无明显改变；中毒晚期，呼吸变浅、变慢、不规则，口唇青紫终致呼吸衰竭。蟾蜍毒素误入眼中也会引起眼睛红肿、充血，甚至失明。

在野外生存时，绝对不能食用蟾蜍，或者让蟾蜍触及人的伤口。一旦误食蟾蜍后出现中毒现象，应立即催吐。如果已经发生呕吐和腹泻，可不必加以制止，早期剧烈呕吐，有利于毒物排出，后果较好，但要及时补液以消除水电解质紊乱。如果蟾蜍的毒素误入眼中，应立即用清水清洗。

蟾蜍

5.3.4 | 野兽

野兽泛指天性凶猛，尤指肉食性的野生哺乳动物。士兵在野外生存时，如果不是为了获取食物，应该尽量避免与野兽正面接触。许多野兽都是在夜间活动，所以要在营地中点燃篝火，使野兽不敢靠近。如有条件，也可以搭建坚固的避身场所，以抵御野兽的袭击。一旦与野兽正面遭遇，切记不能惊慌失措，要根据野兽的种类采用合理的应对方式。总而言之，要想尽一切办法让自己看起来更高、更大。虽然看起来大并不是真正的大，但体形大小的改变确实可以让野兽产生疑惑和动摇，从而止步不前，甚至就此转身离去。以下是一些常见野兽的应对原则。

大象

在野外遇到大象时可以仔细观察大象的耳朵，如果耳朵散开，则意味着大象可能只是在虚张声势。如果耳朵收紧，观察者就要为自己的性命考虑了。大象是人绝不能与其赛跑的巨兽，只能缓慢后退，然后爬树躲避。

大猩猩

对于这些大家伙来说，扔石头都可能引发它们的攻击。人关键的生存之道是冷静应对，以便大猩猩也能保持冷静。千万不要转头就跑，也不要盯着它们的眼睛看。

狮子

人要做的第一件事就是阻止狮子的攻击，向它们展示力量，如站起身来、挥舞手臂等。如果没有作用，要用手头拥有的任何武器进行反击，包括双手、石头等。

老虎

追逃猎物几乎是老虎的本能，特别是杀戮本能。为此，人要表现得更加勇敢：坚守阵地，努力挥舞胳膊。

灰熊

如果可以确定灰熊的攻击马上就会发动，立刻装死。如果它们的袭击持续，那就要发动反击。通常情况下，装死只对灰熊有效，黑熊不会被骗。

黑熊

与灰熊或棕熊不同，黑熊可能被吓跑，因此可以竭力恐吓它们，并尽全力逃跑。如果被追上，那就全力反击，最好打击它们的口鼻部位。

北极熊

北极熊体形巨大、速度飞快，很难被吓退。如果人被发现，最好的方式就是站起来，并祈祷自己携带了足够多的防熊喷雾。

猎豹

尽管它们看起来体形庞大、凶猛异常，但实际上猎豹非常谨慎，很少攻击人类。因此，一旦遇到猎豹，重要的是保持冷静。

河马

河马性格暴躁，行为不可预测。如果人碰上它们，可能也没有太多选择。寻找距离最近的树或白蚁丘，躲藏起来。

非洲水牛

应对非洲水牛的攻击很难，很少有人能在它们的攻击之下生存。即使爬树也不是个好主意，因为它会一直等你下来。最好的生存机会就是在其发动攻击前，用枪射击其头部。

美洲野牛

人至少要待在距离美洲野牛 6 米之外的地方。如果有人误入它们的私密空间，一定要慢慢后退。如果转身就跑，很可能遭到猛烈撞击。

狼

与其他犬科动物一样，狼同样遵守一定的秩序。因此，人要努力展现出领导者形象，看起来威猛吓人，狼会自动退却。

鬣狗

面对以凶残著称的鬣狗时，也要像面对其他食肉动物那样，千万不要让它们将人视为猎物。装死没用，因此需要使用恐吓战术。

野猪

野猪实际上并不想惹人。因此如果恰巧撞到一个，稳定而缓慢地退后即可。

袋鼠

在澳大利亚，袋鼠总会跳出丛林来。如果有提前反应的时间和空间，人应立刻转过头以保护头部和重要器官，并慢慢走开。

野兽对人造成的伤害，主要是咬伤、抓伤、踩踏伤和撞击伤。咬伤和抓伤通常有出血伤口，并带有致病微生物的感染，因此可能继发疾病。一般的咬伤和抓伤所继发的感染，病菌是金黄葡萄球菌、溶血性链球菌、大肠杆菌、拟杆菌、破伤风梭菌等，最严重的是狂犬病毒。被野兽咬伤和抓伤后应立即处理伤口。先用等渗盐水反复冲洗，用干纱布蘸干净伤口，以 70% 酒精或碘伏消毒周围皮肤。较深的伤口需用 3% 过氧化氢冲洗，必要时稍微扩大伤口，不予缝合，以利引流。如果没有办法测定野兽是不是携带狂犬病，那么就假定它患有狂犬病，如果有血清，一定要及时注射。野兽的踩踏和撞击有可能导致骨折，可参考前文所述的骨折急救法。

灰熊

北极熊

非洲水牛

狼

5.4 | 植物中毒预防和急救

5.4.1 | 植物中毒的类型

　　植物广泛分布在自然界，是自然界不可缺少的一部分，也是军人在野外生存时的重要食物来源。不过，植物自身的化学成分很复杂，其中有很多是有毒的物质，不慎接触到，可能会引起很多疾病甚至死亡。

　　植物中的有毒物质种类较多，依化学结构可分为毒苷类、毒蛋白类、氨基酸类、生物碱类、萜类和酚类。很多植物从土壤中吸收过量的矿物质，如铜、硒、铅、锰、硝酸盐和亚硝酸盐等，也可导致植物有毒。有毒物质的部位可在根、茎、叶、花、果、种子、树皮等，有些植物全身均有毒。

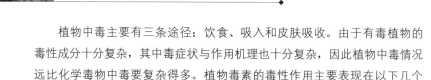

植物中毒主要有三条途径：饮食、吸入和皮肤吸收。由于有毒植物的毒性成分十分复杂，其中毒症状与作用机理也十分复杂，因此植物中毒情况远比化学毒物中毒要复杂得多。植物毒素的毒性作用主要表现在以下几个方面。

（1）刺激皮肤、眼睛及黏膜。

有的有毒植物对皮肤、眼睛及口腔黏膜等有强烈刺激作用，表现为皮肤红肿、皮肤过敏、瘙痒、黄染、皮疹、口腔溃疡、眼睛疼痛、水肿、结膜炎、结膜出血、青光眼、功能性失明等，如十字花科植物的芥子油苷、菊科植物的倍半萜酯等。

（2）影响免疫系统。

某些植物化学成分作用于免疫系统，可引起过敏性变态反应，如过敏性休克、过敏性鼻炎、过敏性哮喘、过敏性皮炎等。如漆树中的漆酚是很强的人类过敏源。

（3）影响呼吸系统。

有的植物花粉或种子可释放组胺，引起支气管痉挛、哮喘、呼吸困难、肺气肿、肺水肿等。损害呼吸系统的有毒植物主要是含箭毒生物碱类化合物和含氰甙植物，可以通过食入、吸入和透过皮肤中毒，其中毒症状以呼吸抑制为特征，可因呼吸中枢麻痹而死亡。

（4）影响消化系统。

几乎所有的有毒植物都能引起胃肠道疾病症状，植物中有的成分直接刺激或腐蚀胃肠道，或者产生非特异性刺激，引起肠胃炎，可出现剧烈腹痛。消化系统表现为食欲减退、流涎、恶心、呕吐、腹痛、腹泻、腹胀、胃肠炎等。

（5）影响泌尿系统。

苍耳属植物的氢醌栎树叶和橡子的丹宁、甜菜属、盐生草属、酢浆草属、马齿苋属、大黄属、酸模属、猪毛菜属和肉叶刺藜属等植物中的可溶性草酸盐可损害肾功能，出现血尿、肾硬变、肾结石及肾功能衰竭等。

（6）影响心血管系统。

影响心血管系统，可能出现贫血、心律不齐、心跳停止、血压下降等症状。如野葱、羽叶甘蓝、棉酚、铃兰、嚏根草、轮叶王孙、郁金香、黄精属、夹竹桃、卫茅等植物。

（7）影响中枢神经系统。

具有神经系统中毒作用的有毒植物主要分布于马钱科、杜鹃花科、防己科、百合科、罂粟科、夹竹桃科、卫矛科等科中。主要表现为肌肉僵直、痉挛，如马桑、马钱、茵芋、红花八角等；肌肉麻木、皮肤青紫、肢端麻痹，如乌头、藜芦等；肌肉松弛、四肢麻痹、昏迷，如雷公藤、钩吻、木兰、杜鹃花类等；镇静、嗜睡、昏迷，如博落回、野罂粟等；心跳缓慢、血压下降、昏迷，如黄花夹桃、海檬果、马利筋等。此外，中枢神经系统中毒，可有明显的呕吐、流涎、腹痛、腹泻及躁动不安等症状。

藜芦

雷公藤

5.4.2 | 有毒植物

常见有毒植物

常见含苷类有毒植物		
植物名称	外形特征	有毒部位
夹竹桃	常绿灌木，开桃红色或白色花	叶、花、树皮
洋地黄	草本植物，全柱覆盖短毛，叶卵形，初夏开花，朝向一侧	叶
铃兰	草本植物，花为钟状，白色有香气	全部
箭毒羊角拗	灌木，花为黄色，有紫色斑点，白色乳汁	全部
箭毒木	落叶乔木，高20～25米，叶卵状椭圆形，果实肉质呈紫红色	汁液
木薯	直立灌木，高1.5～3米，块根圆柱状	全部
海杧果	常绿乔木，多分枝，枝轮生。叶互生，卵状倒披针形。花白色	花

常见含生物碱类有毒植物		
植物名称	外形特征	有毒部位
曼陀罗	草本植物，高 1～2 米，茎直立，叶卵圆形，夏季开筒状白花	全部
颠茄	草本植物，叶子互生，一大一小，夏季开淡紫色花，果实为浆果球形	叶、根
天仙子	草本植物，全株有毛，味臭，夏季开花，漏斗状呈黄色	全部
乌头	草本植物，茎直立，秋季开花	根
毒芹	草本植物，根状茎肥大有香气和甜味，秋季茎中空，花为白色	全部
钩吻	常绿灌木，夏季开花	根、茎、叶
藏红花	草本植物，花期 11 月上旬至中旬	花
荷包牡丹	草本植物，株高 30～60 厘米，具肉质根状茎	全部
贝母	草本植物，鳞茎圆锥形，茎直立，高 15～40 厘米	全部
蓖麻	草本植物，单叶互生，叶片盾状圆形。蒴果球形，有软刺	全部
水仙	草本植物，鳞茎卵球形，叶宽线形，花茎几与叶等长。花期春季	鳞茎
红花石蒜	草本植物，地下茎肥厚，叶线形，伞形花序顶生，花鲜红	鳞茎
飞燕草	草本植物，株高 50～90 厘米。花径 4 厘米，形态优雅	全部
风信子	草本植物，鳞茎卵形，有膜质外皮，皮膜颜色与花色成正相关	球茎
商陆	草本植物，根肥厚，肉质，圆锥形。叶卵圆形。夏秋开花，花白色	根
百合	草本植物，株高 70～150 厘米。鳞茎球形，茎直立。漏斗形花，多白色	花
刺桐	落叶乔木，高约 20 米，干皮灰色，具圆锥形皮刺，花期 3 月	茎皮

常见含毒蛋白类有毒植物		
植物名称	外形特征	有毒部位
相思豆	藤本植物，枝细弱，春夏开花，种子米红色	根、叶、种子
巴豆树	常绿乔木，高 6～10 米，幼枝绿色。叶片卵形，长 5～13 厘米	种子

常见含酚类有毒植物		
植物名称	外形特征	有毒部位
常春藤	常绿木质藤本植物，叶椭圆形，晚秋开花，果实球形，橙色	全部
毛鱼藤	攀缓灌木，长 7～10 米。小枝密被褐色柔毛。奇数羽状复叶，互生	根、茎、叶
漆树	落叶乔木，高达 20 米。树皮灰白色。奇数羽状复叶，互生	汁液

🖝 植物中毒急救

当发生植物中毒时，应尽早脱离接触，避免毒素经皮肤、消化道及呼吸道继续进入体内；同时应及早清除毒物，减少毒物吸收；对于出现症状者，应积极对症治疗；对于明确何种毒素者，应尽早使用特效解毒药物。

如果皮肤表面和黏膜接触有毒植物，可用清水充分冲洗，对不溶于水的毒物，可选用其他适当溶剂。如果误食有毒植物，应尽快催吐、洗胃和导泻，具体步骤可参考误食毒蘑菇后的处理方法。洗胃前，可服用鞣酸、浓茶水，使生物碱沉淀，减缓毒物的吸收。如果遇到对食管、胃肠道黏膜有刺激、腐蚀作用的有毒植物，应服保护剂，如植物油、牛奶、蛋清、豆浆、淀粉糊等。

当不了解中毒植物时，可利用氧化、中和等方式进行一般性解毒。当酸中毒时，可用弱碱（如氧化镁乳剂、肥皂水等，但不宜用苏打，因在胃内能分解产生大量的二氧化碳气体，有胀裂胃壁的危险），通过中和作用而解毒；如毒物是碱，可用弱酸（醋酸、枸橼酸）中和。如果中毒者随身携带了特效解毒剂，将是最有效的解毒方法，但采用时必须确认中毒植物种类，否则应用不当可能加重中毒症状。

5.4.3 | 毒蘑菇

毒蘑菇又称毒蕈，是指大型真菌的子实体食用后对人或畜禽产生中毒反应的物种。多数毒蘑菇的毒性较低，中毒表现轻微，但有些蘑菇毒素的毒性极高，可迅速致人死亡。一种毒蘑菇可能含有多种毒素，一种毒素可存在于多种毒蘑菇中。目前确定毒性较强的蘑菇毒素主要有鹅膏肽类毒素（毒肽、毒伞肽）、鹅膏毒蝇碱、光盖伞素、鹿花毒素、奥来毒素。按中毒的症状，毒蘑菇中毒可分为胃肠型、神经精神型、溶血型、肝脏损害型、呼吸与循环衰竭型、光过敏性皮炎型等。

毒蘑菇分布非常广泛，仅我国就有一百多种。常见毒蘑菇有：大鹿花菌、赭红拟口蘑、白毒鹅膏菌、毒鹅膏菌、毒蝇鹅膏菌、细环柄菇、大青褶伞、细褐鳞蘑菇、毛头鬼伞、半卵形斑褶菇、毒粉褶菌、介味滑锈伞、粪锈伞、美丽粘草菌、毛头乳菇、臭黄菇、白黄粘盖牛肝菌。由于有些毒蘑菇和可食用蘑菇的外部特征没有明显区别，且至今还没有找到快速可靠的毒蘑菇鉴别方法，因而人们误食毒蘑菇而引发中毒的事件时有发生。对于在野外生存的军人来说，蘑菇是一种味道鲜美、营养丰富的食物，但若误食毒蘑菇，后果将是致命的。

误食毒蘑菇后，应及早治疗，否则会引起严重的后果。治疗时应首先考虑排除体内毒物，防止人体对毒素继续吸收而加重病情。排除体内毒物的主要方法为催吐和导泻。催吐可使用物理催吐或药物催吐两种方法，在野外环境下通常只能采用物理催吐，可用筷子或指甲不长的手指（最好用布包着指头）刺激咽部，促使呕吐。

如果呕吐次数不多，应该清洗胃肠。洗胃越早越好，一般在摄入毒物4～6小时内洗胃效果最好。但即使超过 6 小时，甚至 12～18 小时仍可根据毒物的吸收状况洗胃。洗胃一般采用微温开水和生理盐水，也可以用高锰酸钾液（1：2000～5000）。为清除肠道停留的毒物，可用 10% 硫酸镁口服，进行导泻。需要注意的是，使用硫酸镁可形成高镁血症，引起镁中毒。因此，也可以采用硫酸钠、甘露醇作为导泻剂。如果未发生腹泻，可用盐水或肥皂水高位灌肠，每次 200～300 毫升，连续 2～3 次。在实施催吐、导泻和灌肠等急救措施后，仍应尽快向医护人员求助。

大鹿花菌

赭红拟口蘑

白毒鹅膏菌

5.5 | 野外个人卫生

5.5.1 | 野外清洁的方法

在任何情况下，保持身体清洁都是预防感染和疾病的重要因素，在生存困境中，这一点尤为重要。糟糕的卫生状况会影响人的求生意志，也会减少人的生存机会。

洗澡

每天用肥皂洗一个舒服的热水澡，无疑是最理想的个人清洁方法。当然，这一需求在野外环境下往往难以实现，但即使没有这些"奢侈品"，也一样能够保持清洁。如果没有热水，可以用一块布和肥皂水擦洗自己。如果没有肥皂，可以用草木灰或者沙子代替。如果水资源紧张，可以选择"空气浴"：根据实际情况，尽可能多地脱掉衣服，让身体暴露于阳光和空气中。

在极地地区，洗澡有点不切实际，而且不舒服，但是必须这么做。可以抓一把雪擦洗身体汗水容易积存的地方，如腋下、大腿根部、前胸、后背等，然后擦干身体。如果无法洗澡，应定期擦拭身体的这些部位。

用雪擦拭身体可以去除汗渍

清洁双手

俗话说"病从口入"，手上的细菌会污染食物，感染伤口。在接触了任何可能携带细菌的物体之后；如上完厕所之后、照顾病患之后，接触任何食物、餐具前或者喝水前，切记要洗净双手。另外，要随时保持指甲干净整洁，不要把手指放入嘴里。

清洁头发

人的头发可能会成为跳蚤、虱子或者其他寄生虫或细菌的栖身地。保持头发干净，修剪整齐，可以避免这些危险。跳蚤和虱子寄生于温血动物身上，吸血为生，是危险病菌的携带者。例如，啮齿动物就很可能会携带跳蚤和虱子，所以杀死一头啮齿动物时，记住要等它身体完全变冷，跳蚤和虱子都跑了之后再去处理。虱子粉是去除跳蚤和虱子的最好方法。如果没有虱子粉，也有其他一些方法，例如，把衣服放在阳光下长时间暴晒，经常用热肥皂水清洗等。

清洁衣服

衣服和被褥是长期与身体接触的物品，必须尽可能保持干净整洁，减少皮肤感染以及寄生虫滋生的机会。外衣脏了要及时清洗，每天都要换洗内衣和袜子，如果缺水，就将衣服用力抖动，然后置于空气和阳光下暴晒。睡袋每次使用之后都要翻过来抖一抖，白天不使用睡袋的时候将其晾晒起来。

清洁牙齿

如果随身携带了牙刷和牙膏，就要保证每天至少彻底清洁一次牙齿和口腔。如果没有牙刷，可以找一根长约20厘米、宽约1厘米的小树枝，做一根"咀嚼棒"。将其一端嚼开，使树枝的纤维分开。然后，用这根咀嚼棒彻底清洁牙齿。另一种方法就是在手指上缠一根干净的布条，擦去牙齿上的食物残屑。如果需要，还可以用一点沙子、小苏打、盐或者肥皂刷牙。至于齿缝间的污垢，可以用牙签、小树枝、牙线，或者用树皮、藤条剥下来的细条等剔除。如果牙上有洞，可以用蜡烛、烟草、辣椒、牙膏或牙粉、生姜把它暂时填上。在填牙洞之前，要漱口或把其中的残渣剔除，确保牙洞里干净。

清洁双脚

野外道路崎岖不平，双脚的负担很重，因此每天都要清洗并按摩脚部，指甲要剪平。鞋里要垫上鞋垫，袜子要合脚、干爽。每天检查脚上有没有长水泡，如果长了水泡，不要弄破它，因为没有破损的水泡不会感染。还可以在水泡周围敷上药膏，但不要直接敷在水泡上。另外，还可以放一块衬垫在水泡周围，以减轻其承受的压力、减少摩擦。如果水泡破了，要清洗干净，用绷带包扎好。

如果水泡较大，为了避免水泡在压力之下破损并造成疼痛和伤口，可以按照以下方法处理：找一根缝纫针和一根干净的线，用针和线穿过水泡。把针从线上拿下来，使线的两头都在水泡之外。线将会吸收水泡中的液体。这会使水泡的破损口较小，而且不会闭合。

士兵在野外徒步时双脚负担极重

5.5.2 | 自制洗涤用品

如果没有随身携带洗涤用品，士兵可以用动物脂肪和草木灰自己制造肥皂。具体步骤如下。

（1）把动物脂肪切成小条，然后放到锅中煮，提炼油脂。

（2）煮的时候要不时加水，并经常搅拌，防止干锅。

（3）等脂肪里的油脂提取出来之后，把油脂倒入容器冷却。

（4）把草木灰放入另一个容器，在接近容器底部的地方开一个小出水口。

（5）把水倒入草木灰中，用另一个容器接住从小口中滴下来的溶液，溶液里含有钾和碱。另一个获得碱液的方法是把灰浆（草木灰和水的混合溶液）用布过滤。

（6）把油脂和钾碱溶液按照 2 ∶ 1 的比例倒入煮锅，然后放到火上去煮，一直煮到黏稠为止。

（7）当混合物冷却之后，就可以直接使用这种半液体状的肥皂了，也可以等到它凝固之后切成小块，留待以后使用。

5.5.3 | 垃圾的处理方法

除了做好个人卫生，士兵在野外还必须谨慎处理自己制造的各种垃圾，以免污染环境和滋生病菌。不要认为野外求生就不需要注意处理垃圾，保持良好的卫生习惯，可以减少肠胃病的发生，而肠胃病会导致大量水分流失。

对于人体排泄物，一般的处理方法就是挖坑掩埋。需要注意的是，掩埋地点必须远离水源和营地。最好在扎营之前就圈出厕所的位置，坑挖得稍深一些，掩埋的土层尽量厚实一些，并用脚踏紧。即便是尿液，也要遮盖住，以免招来苍蝇。

对于食物残渣、纸巾、果皮、果壳等可降解垃圾，同样可以采用挖坑掩埋的处理方法。如果垃圾数量较多，可以焚烧后再掩埋，焚烧垃圾时要注意防止火灾。对于塑料袋、打火机、电池等不可降解垃圾，尽量随身携带，一方面可以防止污染，另一方面可以作为备用材料，也许在接下来的求生之路上会用得着它们。

苍蝇很容易被垃圾吸引过来

天气观测和方向识别

　　对于在野外生存的士兵来说，学会观测天气将有助于合理安排求生行动，并有效躲避可能出现的自然灾害。而在人迹罕至的野外环境中，求生者很容易迷失方向，从而招致难以预料的后果，轻则浪费体力，重则错失生还机会。因此，野外方向识别也是一门必修课。

6.1 野外的天气观测

6.1.1 根据云彩形态观测

云不仅是地球上庞大水循环的表现形式及结果之一，也是大气热力循环的重要一环。大多数天气现象，如雨、雪、冰雹、雷电都与云关系密切。所以，云的形态对于一些天气现象具有指向意义，这也是古人"观云识天"的依据所在。对于在野外求生的士兵来说，根据云彩形态预测天气是一项非常实用的技能。

☞ 云的种类

对于地球而言，云是大气中水汽凝结（凝华）成的水滴、过冷水滴、冰晶，或是它们混合组成并飘浮在空中的可见聚合物。人类通常以云在天上的不同高度对其归类，并因其观测到的不同形状对其进行具体划分。云高、云状与云的成因关系紧密，因而能够反映当时、当地的天气状况，对天气预测来说有一定参考价值。

人们通常按照云底的高度，将云分为低、中、高三族；再按云的外形特征，将云分为十属；最后按云的结构特征和成因，将云分为二十九类云状。

低云多由微小水滴组成，云底距地面较低，一般低于2500米，并随季节、天气条件以及地理位置而变化。低云包括积云（淡积云、碎积云、浓积云）、积雨云（秃积雨云、鬃积雨云）、层积云（透光层积云、蔽光层积云、积云性层积云、堡状层积云、荚状层积云）、层云（层云、碎层云）、雨层云（雨层云、碎雨云），共计五属（十四类）。多数低云都有可能产生降水。

积云

积雨云

层积云

层云

雨层云

中云多由微小水滴、过冷水滴或冰晶、雪晶混合组成，云底一般在

2500～3000米之间。中云分高层云（透光高层云、蔽光高层云）、高积云（透光高积云、蔽光高积云、荚状高积云、积云性高积云、絮状高积云、堡状高积云），共计两属（八类）。高层云在夏季多出现降雨，冬季则多有降雪发生。高积云较薄时，则不会出现降水。

高层云

高积云

　　高云则由微小冰晶组成，云底高度在5000米以上，但在高原地区时较低。其可分为卷云（毛卷云、密卷云、伪卷云、钩卷云）、卷层云（毛卷层云、薄幕卷层云）、卷积云，共计三属（七类）。高云出现降水较少，但会产生"雪幡"，即冰晶在下降过程中不断升华，最终在云底形成白色的丝缕状悬垂物。

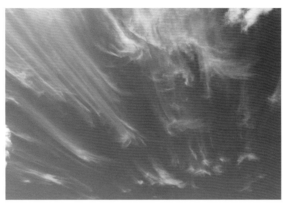

卷云

卷层云

卷积云

观云识天

天气对于野外活动影响极大。千百年来，人类根据云的形状、来向、移速、厚薄、颜色等的变化，总结了丰富的"看云识天气"的经验，并将这些经验编成谚语。以下是一些流传较广的谚语。

朝霞不出门，晚霞行千里

早晨东方无云，西方有云，阳光照到云上散射出彩霞，表明空中水汽充沛或有阴雨系统移来，加上白天空气一般不大稳定，天气将会转阴雨；傍晚如出晚霞，表明西边天空已放晴，加上晚上一般对流减弱，形成彩霞的东方云层，将更向东方移动或趋于消散，预示着天晴。

久晴大雾阴，久阴大雾晴

久晴之后出现雾，说明有暖湿空气移来，空气潮湿，是天阴下雨的征兆；久阴之后出现雾，表明天空中云层变薄裂开消散，地面温度降低而使水汽凝结成辐射雾，待到日出后雾将消去，就会出现晴天。

清早宝塔云，下午雨倾盆

在暖季的早晨，如天边出现了堡状云，表示这个高度上的潮湿气层已经很不稳定，到了午间，低层对流一旦发展，上下不稳定的层次结合起来，就会产生强烈的对流运动，形成积雨云而发生雷雨。

天上钩钩云，地下雨淋淋

钩钩云的正式名称是钩卷云，它一般出现在暖锋面和低压的前面，是雨淋淋的先兆。但是，雨后或冬季出现的钩卷云，则会连续出现晴天或霜冻，所以又有"钩钩云消散，晴天多干旱""冬钩云，晒起尘"的谚语。

炮台云，雨淋淋

炮台云指堡状高积云或堡状层积云，多出现在低压槽前，表示空气不稳定，一般隔 8～10 小时会有雷雨降临。

云交云，雨淋淋

云交云指上下云层移动方向不一致，也就是说云所处高度的风向不一致，常发生在锋面或低压附近，所以预示有雨，有时云与地面风向相反，则有"逆风行云，天要变"的说法。

江猪过河，大雨滂沱

江猪指雨层云下的碎雨云，出现这种云，表明雨层云中水汽很充足，大雨即将来临。有时碎雨云被大风吹到晴天无云的地方，夜间便看到有像江猪的云飘过"银河"，也是有雨的先兆。

棉花云，雨快临

棉花云指絮状高积云，出现这种云表明中层大气层很不稳定，如果空气中水汽充足并有上升运动，就会形成积雨云，将有雷雨降临。

天上灰布悬，雨丝定连绵

灰布云指雨层云，大多由高层云降低加厚蜕变而成，范围很大、很厚，云中水汽充足，常产生连续性降水。

乌云接落日，不落今日落明日

太阳落山时，西方地平线下升起一朵城墙似的乌云接住太阳，说明乌云东移，西边阴雨天气正在移来，将要下雨。一般来说，如接中云，则当夜有雨；如接高云，则第二天有雨。但如西边的乌云呈条块状或断开，或本地原来就多云，那就不是未来有雨的征兆了。

西北天开锁，明朝大太阳

阴雨天时，西北方向云层裂开，露出一块蓝天，称"天开锁"。这说明本地已处在阴雨天气系统后部，随着阴雨系统东移，本地将雨止云消，天气转好。

太阳现一现，三天不见面

春、夏时节，雨天的中午，云层裂开，太阳露一露脸，但云层又很快聚合变厚，这表明本地正处在准静止锋影响下，准静止锋附近气流升降强烈、多变。

上升气流增强时，云层变厚，降水增大；上升气流减弱时，云层变薄，降水减小或停止；中午前后，太阳照射强烈，云层上部受热蒸发，或云层下面上升气流减弱，天顶处的云层就会裂开。随着太阳照射减弱，或云层下部上升气流加强，裂开的云层又重新聚拢变厚。因此，"太阳现一现"常预示继续阴雨。

天上鲤鱼斑，明天晒谷不用翻

鲤鱼斑指透光高积云，产生这种云的气团性质稳定，到了晚上，一遇到下沉气流，云体便迅速消散，次日将是晴好天气。但是，如果云体好像细小的鱼鳞，则是卷积云，这种云多发生在低压槽前或台风外围，近期会刮风或下雨，所以又有"鱼鳞天，不雨也风颠"的谚语。

早上乌云盖，无雨也风来

早晨东南方向有黑云遮日，预示有雨。因为早晨吹暖湿的东南风，温度较本地空气为高，形成上冷下热，水汽易上升成云，再加上白天地面受热，空气对流上升，更促使云层抬高，水汽遇冷成水滴，从而可能使天气变为不风即雨。

黄云上下翻，将要下冰蛋

黄云多是暖湿空气强烈上升所致，出现这种情况多降阵雨与冰雹。

山戴帽，大雨到

山戴帽是说气压低，空中水汽多在山顶形成云层。至于是否会降水，一般要视情况而定，如云逐渐降低且加厚，降水的可能性大，反之，云逐渐抬升变薄，下雨的可能性就小。

云吃雾下，雾吃云晴

见到雾之后来了云，可能低气压要来临，是要下雨的兆头。反之，如云消雾起，表示低气压已过，晴朗天气即将来临。

日落射脚，三天内雨落

"日射脚"是指太阳从云层的空隙中照射下来，傍晚出现日射脚，说明对流作用强烈，预示有雨。

云往东，车马通；云往南，水涨潭；云往西，披蓑衣；云往北，好晒麦

根据云的移动方向可以预测阴晴，云向东、向北移动，预示着天气晴好；云向西、向南移动，预示着会有雨来临。云的移动方向，一般表示它所在高度的风向。这一谚语说明的是云在低压内不同部位的分布情况。它适用于密布全天、低而移动较快的云。

云钩向哪方，风由哪方来

云钩指的是钩卷云的尾部，出现在高空，有时上端有小钩，也有排列成行的。上端小钩所指，是高空风的方向，而高空风往往又与地面相连，所以根据云钩方向大体可测知风的来向。

由于自然环境复杂多变，上述经验并不一定适用于所有地区。野外生存的士兵在参考这些经验的同时，还需注意结合自己的经验和当地的情况，作出较为客观的判断。此外，云对于天气活动来说，并不是一一对应的关系。举例来说，高积云既有可能在低云演变成高云的过程中出现，也可能在高云演变成低云的过程出现，前者预示着天气转好，后者则预示对流活动即将旺盛。同时，云对于天气现象的指向性仅限于临近时段，若想预判三天甚至一周后的天气状况，"观云"便无能为力。

朝霞预示着天气将会转阴雨

6.1.2 | 根据动物活动观测

天气的变化，直接影响着动物的生活。一些感觉敏锐的野生动物，尤其是鸟类、昆虫和两栖动物，往往能及时察觉天气的变化，预先做好生活的准备。因此，在通过云彩形态观测天气的同时，求生士兵还可以通过观察野生动物的举动，进一步加强天气预测的准确性。以下是一些野生动物在天气变化时的异常表现。

喜鹊

喜鹊是在野外非常容易见到的一种鸟。据研究，喜鹊筑巢的高低，与常年雨水的多少有关，如喜鹊在高处筑巢，表明常年雨水偏多，在低处则预示常年雨水偏少。"喜鹊枝头叫，出门晴天报"，如果看到喜鹊在枝头欢叫，则说明未来天气晴好。

麻雀

如果在夏季看到麻雀飞到水里洗澡，那么可能会有大雨将至。因为雨前天气闷热，空气潮湿，麻雀身体发痒，于是便到浅水里洗澡散热。

燕子

燕子低飞，被认为是将要下雨的先兆。天气转坏时，昆虫为了防止雨点、冰雹和雷电伤害自己，会本能地在下雨前降低飞行高度。而以昆虫为食的燕子，也会趁机低飞捕虫。另外，下雨前气压变低，燕子往高处飞也很费劲。

海雀

海雀是鸟纲鸥形目海雀科鸟类的通称，是典型的海鸟，体羽黑白色。在海上有"海雀向上飞，有风不等黑"的说法，意思是海雀往上飞，预示着海风将加强。

蜜蜂

"蜜蜂窝里叫，大雨就来到。蜜蜂不出窝，风雨快如梭"，蜜蜂是随处可见的昆虫，并且以勤劳著称，倘若蜜蜂围在巢穴附近不肯离巢，大雨就不远了。

蜘蛛

观察蜘蛛和蛛网的变化，也能够预测天气。阴雨天，如气压上升，湿度减小，昆虫高飞，蜘蛛张网捕猎，预示着天气将转晴。反之，蜘蛛收网，预示将下雨。另外，早晨蛛网上有小水滴，天会放晴，因为天气好的时候，昼夜温差就会变大，水蒸气遇到冷空气就会变为小水滴。

蝉

蝉在夏季的野外随处可见，在炎炎夏日，蝉鸣预示着炎热天气将持续。不过，当蝉鸣断断续续时，阴雨就将来临。

瓢虫

瓢虫对季节性的气候变化异常敏感，它是一种冷血动物，一旦气温达到 12 ~ 13℃，它们便会聚作一团，因而有人把它们作为气温回升的指南。由秋入冬时，瓢虫要找一个温暖的地方冬眠，而当春天到来，它们又将涌向户外。

蚊子

"蚊子集堂中，明朝带斗篷" "蚊子乱咬人，不久雨来临" "蚊虫咬得凶，雨在三日中"， 这三句俗语表示，在天气变坏之前，蚊子会变得异常活跃，它们会比平时更加凶猛地咬人。

蚂蚁

蚂蚁对于天气的变化十分敏感，因为它们居住的地下环境与雨水有着直接的关系，所以有时它们比别的动物更能感觉到天气的变化。"蚂蚁成行，大雨茫茫" "蚂蚁搬家，大雨哗哗" "蚂蚁衔蛋跑，大雨就来到" "蚂蚁垒窝，天雨婆娑"，众多俗语表明：蚂蚁向高处搬家、在洞口周围垒窝，均预示着有雨来临。

蚯蚓

蚯蚓是一种生活在土壤中的软体动物，一般不会爬出地面。在下雨时，潮湿的空气会使泥土含水量增大，蚯蚓就会爬出地面，寻找适宜的环境。所以如果看到蚯蚓钻出地面，就有可能会下雨。

乌龟

"乌龟冒冷汗，出门带雨伞"，龟壳有水珠，像是冒汗，就要下大雨。龟壳干燥，纹路清晰，预示近期不会下雨。这是因为龟身贴地，龟背光滑阴凉，当暖湿天气移来时，会在龟背冷却凝结出现水珠。

青蛙

青蛙是两栖动物，它们的皮肤与器官对于水土和空气的温、湿度都很敏感，如果气压突然下降，潮湿闷热，青蛙就会发出巨大的叫声。如果雷阵雨即将来临，青蛙会叫得更明显。雨后，青蛙的叫声如果渐渐变小，表明天气将要转晴。如果青蛙突然白天叫起来，那么天气不久就会变差。

喜鹊

麻雀

低飞的燕子

瓢虫

善于感知天气变化的蚂蚁

6.1.3 | 根据植物变化观测

自然界中的一些植物，为了自己的生存，机体内的器官会逐渐地适应外界环境的变化；而这种"适应性"又代代遗传下来，形成了一种对外界环境变化的感知能力。其中，有些植物在天气变化之前能表现出特有的反应，可以预示冷暖或晴雨。

红花韭兰

石蒜科葱莲属多年生草本植物红花韭兰，因可以预报风雨，被昵称为"风雨花"。每当暴风雨将要来临的时候，风雨花就会精神抖擞，含苞欲放；风雨降临的时候就会迅速开放大量的花朵，任凭风吹雨打；在风雨过后，花朵的色彩更加绚丽，花红似霞。这是因为暴风雨到来之前，外界的大气压降低，天气闷热，植物的蒸腾作用增大，使风雨花贮藏养料的鳞茎产生大量促进开花的激素，促使它开放出许多花朵。

红花韭兰

紫茉莉

草本植物紫茉莉，又称"胭脂花"，高可达 1 米，花期为 6～10 月。胭脂花通常是头天傍晚开花，第二天早晨就凋萎。根据胭脂花凋萎的时间，可对当天的天气作出判断：若天刚放亮花就立刻凋萎，预示着当日天晴；若花凋萎的时间较晚，则预兆着当日为阴雨天气。

紫茉莉

含羞草

多年生草本植物含羞草也能预示天气，它与一般植物不同，在受到人类触动时，叶柄会下垂，小叶片会合闭，因此人们理解它为"害羞"。"害羞"的程度不一样，预示的天气也不一样。如果被触动的含羞草叶子很快合拢、下垂，之后，需经过相当长的时间才能恢复原态，就说明天气会艳阳高照，晴空万里；反之，叶子受触后收缩缓慢、下垂迟缓，或叶子稍一闭后即张开，则预示着风雨即将来临。

含羞草

青冈树

青冈树，又名青冈栎，因为它的叶子会随着天气的变化而变化，所以被称为"气象树"。据研究发现，青冈树的叶子会变色，主要是因为叶内所含叶绿素和花青素的比值变化形成的。在长时间的干旱之后，即将下雨之前，一遇上强光的闷热天，叶子合成叶绿素的过程就会受阻，使花青素在叶片中占优势，叶片逐渐变成了红色。因此，当青冈树叶变红时，这个地区在一两天内会下大雨，雨过天晴，树叶又呈深绿色。

青冈树叶

柳树

在夏季里，如果发现柳叶变成白色，就意味着阴雨天气即将来临。其实，并非柳叶真的变白，而是柳叶在阴雨天前会全部反转过来，而柳叶的反面是浅绿色的，表面还带一层"白霜"，所以远看就像是白的。

柳树

6.1.4 | 躲避自然灾害

俗话说"天有不测风云"，野外天气变化无常，即便是现代化的先进设备也无法保证天气观测毫无差错，所以求生士兵凭借云彩形态、动物活动和植物变化得出的天气观测结果也极有可能出错。所以，求生士兵必须在天气观测失误后灵活应对各种突发灾害。

☞ 暴雨

遭遇暴雨时，求生士兵应根据行进的路段和雨势的大小以及自己的身体状况迅速决定，继续行进或避雨。继续行进时，因暴雨影响能见度，应更加注意辨别方向。雨湿路滑，必要时使用安全绳，以确保人身安全。避雨时，应注意保暖，防雷击，防山洪。

在宿营遭遇暴雨时，应根据周围地形和雨势大小决定是否转移营地，将帐篷转移到安全地点。如果暂时不转移，应对帐篷进行加固，挖好排水沟。同时，将帐篷内多余物品整理好，收入背包中，准备随时撤离。如果有多名同伴，应轮流放哨，一旦发现山洪暴发、泥石流等危险存在，马上撤离帐篷。

美军士兵扎营避雨

雷击

　　雷电是极为恐怖的自然灾害，当海拔 3000 米以上的高山和平地的温差在 20 度以上时，就容易发生雷电。雷电容易打在较高的物体及金属物品上，所以在发生雷电时应尽量放低姿势，逃进低洼处或山洞中。以树木顶端成 45 度角的地面范围，能够依靠树木避开直接的雷击，可以放心躲避。尽量将身上携带的金属物品掷于远处。雷电有可能从远处突袭而来，或者从周围云团直接打落，所以一有雷电的征兆，千万不能观望，应趁早到安全场所避难。

雷电

洪水

　　持续降水容易引发洪水。原本清澈的水突然变得混浊就是洪水暴发的先兆。此时，应该及时向高处转移，情况紧急时，可选择高大的树顶作为避难所。如果不幸落入水中，应拼命抓住自己的背包（背包可充当救生圈），或者抓住随洪水冲来的大树木。切勿低估洪水暴发的威力和速度。小溪的流水往往由于上游降下大雨，雨水又集涌而下，在数分钟内演变为巨大洪水。因此，开始下雨时就要迅速离开河道，往两岸高地走。

山洪暴发

泥石流

夏季暴雨较多时，比较容易发生泥石流。如果正常的流水突然断流或者洪水突然增大，并带有较多的树木，或是深谷内传来类似火车轰鸣的声音或者闷雷声，都有可能是泥石流已经形成。另外，河谷、溪谷深处突变昏暗，并伴有塌方现象，也要迅速离开，不是山洪就是泥石流。遇到泥石流时，不能沿沟向上或者向下跑，应该向两侧山坡跑，快速离开河道、河谷、溪谷地带。不要在土质松软，主土体不稳定的斜坡停留，要在基底稳固又较为平稳的地方躲避，切勿上树躲避。

泥石流成因示意图

崩塌

崩塌的形成条件为：在50米以上急陡山坡或者河、湖、海岸上，坡度在30～60度上；岩溶裂缝发达，结构破碎；岩石层面、裂缝面与山坡方向一致时，更容易发生崩塌；暴雨时或者连日暴雨后，斜坡渗进大量雨水后，极易导致山泥倾泻，引发山体崩塌。因此，暴雨时或连日暴雨后，要避免走近或停留在峻峭山坡附近。斜坡底部有大量泥水透出时，显示斜坡内的水分已饱和，斜坡中段或顶部有裂纹或有新形成的梯级状，露出新鲜的泥土，都是山泥倾泻崩塌的先兆，应尽快远离这些斜坡。如遇山泥倾泻崩塌阻路，切勿尝试踏上浮泥前进，应立刻后退。

小范围崩塌

高空落石

遇到严重落石处时，应趁停止落石的空当，迅速逃离现场。事先应寻找能躲避落石的大岩石下或者转弯角落，以便通过。保护好头部，戴上一些保护器物（如头盔、厚衣物、木板、铁锅等）较为妥当。

冰雹

冰雹是从强烈发展的积雨云中降落到地面的固体降水物，小如豆粒，大若鸡蛋。遇到冰雹时，要及时躲到坚固的遮挡物下。没有遮挡物时，应该躲到背风处，双臂交叉护住头部和脸部，屈体下蹲，手背部向上，尽量减少身体的暴露部位。如果被冰雹砸伤，可用散落的冰雹进行冰敷，达到止血消肿的目的。

落在地上的冰雹

沙尘暴

　　沙尘暴是沙暴和尘暴两者兼有的总称，是指强风把地面大量沙尘物质吹起并卷入空中，便空气特别混浊，水平能见度小于100米的严重风沙天气现象。其中沙暴系指大风把大量沙粒吹入近地层所形成的挟沙风暴；尘暴则是大风把大量尘埃及其他细粒物质卷入高空所形成的风暴。

　　沙尘暴对人体的呼吸系统危害最大，浮尘中大量悬浮的颗粒物，尤其是细小颗粒最易被吸入呼吸道深处。大风使地表蒸发强烈，驱走大量的水汽，空气中的湿度大大降低，使鼻腔黏膜因干燥而弹性削弱，易出现微小裂口，防病功能随之降低，空气中的病菌就会乘虚而入。随着吸入鼻腔内的尘粒的增加，一旦超过鼻腔、肺本身的清除能力，就会导致肺及胸膜的病变，这些尘粒经过呼吸道沉积于肺泡，引发慢性呼吸道炎症、肺气肿等肺部疾病。还容易使患有呼吸系统疾病的人旧病复发或病情加重。

当沙尘暴来临时，应戴口罩并用纱巾蒙住头，不要在树下行走或逗留，如果附近有房子，尽快躲到里面。如果在无人区，没有可以躲避的场所，可以躲避在山丘背风面。如果是平地，要找一个最低的地方，身体向沙尘暴的反方向卧倒，把背包放在胸前。

一旦尘沙吹入眼内，不能用脏手揉搓，应尽快用流动的清水冲洗，不但能保持眼睛湿润易于尘沙流出，还可起到抗感染的作用。回到营地后应用清水漱口，并仔细清洗鼻腔，可以用鼻子轻轻地吸入清水，然后再把清水擤出来，用以保持鼻腔的清洁，既能清洗鼻腔，阻挡颗粒物进入肺部，又能刺激经穴，调节生理功能，保护鼻子。此外，还要及时更换衣服，保持身体洁净舒适。

沙尘暴

火山爆发

火山爆发会有前兆，比如地表变形，从喷气孔、泉眼等发出奇怪的气体和气味；水位、水温等会异常变化；生物会有异样反应，包括植物褪色、枯死，小动物的行为异常和死亡等。

一旦发现火山爆发的前兆后，应该尽快选择交通工具尽快离开，逃离过程中要用其他物品护住头部防止砸伤。当遭遇火山爆发时，我们针对火山喷发的性质应该做出相应的自救反应。

（1）应对熔岩危险：火山爆发喷出了大量炽热的熔岩，它会坚持向前推进，直到到达谷底或者最终冷却。它们毁灭所经之处的所有东西。在火山的各种危害中，熔岩流可能对生命的威胁最小，因为人们能跑出熔岩流的路线。当看到火山喷出熔岩时，我们可以迅速跑出熔岩流的路线范围。

（2）应对火山喷射物危险：火山喷射物大小不等，从卵石大小的碎片到大块岩石的热熔岩都有，能扩散到相当大的范围。而火山灰则能覆盖更大的范围，其中一些灰尘能被携至高空，扩散到远方，进而影响天气情况。如果火山喷发时你正在附近，这时你应该快速逃离，并应戴上头盔或用其他物品护住头部，防止火山喷出的石块等砸伤头部。

（3）应对火山灰灾害：火山灰是细微的火山碎屑，由岩石、矿物和火山玻璃碎片组成，有很强的刺激性。其重量能使屋顶倒塌。火山灰可阻塞交通路线和水道，且伴随有有毒气体，会对肺部产生伤害，特别是对有呼吸道疾病的人。只有当离火山喷发处很近、气体足够集中时，才能伤害到健康的人。但当火山灰中的硫黄随雨而落时，硫酸会大面积、大密度产生，会灼伤皮肤、眼睛和黏膜。戴上护目镜、通气管面罩或滑雪镜能保护眼睛。用一块湿布护住嘴和鼻子，或者如果可能，用工业防毒面具。到避难所后，要脱去衣服，彻底洗净暴露在外的皮肤，用清水冲洗眼睛。

（4）应对气体球状物危害：火山喷发时会有大量气体球状物喷出，这些物质以160千米/时以上的速度滚下火山。这时，我们可以躲避在附近坚实的地下建筑物中，或跳入水中屏住呼吸半分钟左右，球状物就会滚过去。

火山爆发

地震

地震，又称地动、地振动，是地壳快速释放能量过程中造成的振动，期间会产生地震波的一种自然现象。地球上板块与板块之间相互挤压碰撞，造成板块边沿及板块内部产生错动和破裂，是引起地震的主要原因。

如果是在山区荒野，遇到地震时，一定要往山坡上方跑，最好往山顶跑，预防山崩、泥石流等灾害，跑的时候注意观察上方，避免被山上滚下来的石块砸中。此外，一定要远离一些高大竖立的东西，同时也要远离河道、湖泊等。要快速寻找能够躲藏的安全地方，比如土坑土沟，或者牢固稳定的东西，躲到里面或者旁边，蹲下身子，降低重心，抱住头，防止被东西砸伤。如果没有能够躲藏的地方，那么选择在空旷的地方，背风方向紧贴着地面趴下，不要乱动，防止跌撞碰伤。

如果已经被埋进裂缝、废墟中，那么使用手帕、毛巾或者直接用衣服捂住自己的口鼻，防止吸入太多尘土，同时最好用衣服或者袋包等包在头上，防止被东西砸伤头部。尽量保持体力，缓缓地清理身上和身边的尘土，扩展身边的空间，寻找四周有无水源清洗自己，让自己保持清醒，同时寻找光源，朝有光线的方向开辟洞口。与此同时，也要想办法求救，如果被埋在地底，那么寻找身边是否有金属物体，敲击传出声音，或者寻找管形物体，一头放在嘴上，另一头尽量靠近地面呼叫求助；如果没有被埋在地底，那么还要想办法生火放烟求救，以及用颜色较为醒目的东西在地面摆出"SOS"求救信号。

因地震变得沟壑纵横的荒野

🖝 海啸

海啸就是由海底地震、火山爆发、海底滑坡或气象变化产生的破坏性海浪，海啸的波速高达 700 ～ 800 千米 / 时，在几小时内就能横过大洋；波长可达数百千米，可以传播几千千米而能量损失很小；在茫茫的大洋里波高不足一米，但当到达海岸浅水地带时，波长减短而波高急剧增高，可达数十米，形成含有巨大能量的"水墙"。海啸主要受海底地形、海岸线几何形状及波浪特性的控制，呼啸的海浪冰墙每隔数分钟或数十分钟就重复一次，摧毁堤岸，淹没陆地，破坏力极大。

海啸发生的最早信号是地面强烈震动，地震波与海啸的到达有一个时间差，正好有利于人们预防。如果你感觉到较强的震动，不要靠近海边、江河的入海口。要记住，海啸有时会在地震发生几小时后到达离震源上千千米远的地方。如果发现潮汐突然反常涨落，海平面显著下降或者有巨浪袭来，都应以最快速度撤离岸边。海啸前海水异常退去时往往会把鱼虾等许多海生动物留在浅滩，场面蔚为壮观。此时应当迅速离开海岸，向内陆高处转移。

　　如果在海啸时不幸落水，要尽量抓住木板等漂浮物，同时注意避免与其他硬物碰撞；在水中不要举手，也不要乱挣扎，尽量减少动作，能浮在水面随波漂流即可。这样既可以避免下沉，又能够减少体能的无谓消耗；如果海水温度偏低，不要脱衣服。尽量不要游泳，以防体内热量过快散失；不要喝海水，海水不仅不能解渴，反而会让人出现幻觉，导致精神失常甚至死亡；尽可能向其他落水者靠拢，既便于相互帮助和鼓励，又因为目标扩大更容易被救援人员发现；人在海水中长时间浸泡，热量散失会造成体温下降。溺水者被救上岸后，最好能放在温水里恢复体温，没有条件时也应尽量裹上被、毯、大衣等保温。注意不要采取局部加温或按摩的办法，更不能给落水者饮酒，饮酒只能使热量更快散失。给落水者适当喝一些糖水有好处，可以补充体内的水分和能量。

海啸时的巨浪

273

6.2 | 野外的方向识别

6.2.1 | 利用指南针

在人迹罕至的野外环境中，尤其是在灌木丛生的树林里或是遍布大石头的地方，容易因看不清楚足迹而在不知不觉中迷路。有时也可能在雨中、雾中或傍晚时分因视野不开阔而迷路。对于在野外生存的士兵来说，迷路的后果可大可小，小则浪费时间和精力，大则误入敌占区，或是错过友军的救援。在食物不足的情况下，迷路无疑是雪上加霜。因此，为防止迷路，正确判定所在位置和方向，求生士兵必须熟练掌握定位和测向方法。

在自然界，某些动物具有辨别方向的本能，如鸽子和马。极少数人也拥有这种能力，但绝大多数人不具备，因此野外确定方向主要依靠经验和工具。在辨别方位的工具中，指南针是常用的一种。如果士兵在流落荒野时恰巧带有指南针，将会省下很多力气。

指南针是一种判别方位的简单仪器，又称指北针。主要组成部分是一根装在轴上可以自由转动的磁针，磁针在地磁场作用下能保持在磁子午线的切线方向上，磁针的北极指向地理的北极，利用这一性能可以辨别方向。指南针的用法是：将指南针水平放置，使气泡居中，此时磁针静止后，其标有"N"的一端（通常是黑色）所指的便是北方。利用指南针辨别方向虽然简单快捷，但需要注意：尽量保持水平；不要离磁性物质太近；勿将磁针的 S 端误作北方，造成 $180°$ 的方向误差；掌握活动地区的磁偏角进行校正。

如果没有专业指南针，也可以自己制作一个简易指南针，具体做法是：将一截铁丝（缝衣针即可）反复同一方向与丝绸摩擦，使其产生磁性，然后用一根绳悬挂起来，可以指示北极。当磁性减弱时，隔段时间再重新摩擦以增加磁性。如果有一块磁石，会比用丝绸更有效，注意沿同一方向将铁丝不断摩擦。此外，也可将磁针放在一小块纸或树叶上，让它们自由漂浮在水面上，针尖所指为北。

军用指南针

正在使用指南针的美军士兵

6.2.2 | 利用太阳

如果没有指南针，人也可以依靠前人的经验来辨别方向。在晴朗的白昼，根据日出、日落就可以很方便地知道东方和西方，也就可以判断方向，但只能是大致的估计，较准确的测定有两种方法，即手表测向和日影测向。

☛ 手表测向

机械手表有时针和分针，可用来确定方向，前提是它表示的是确切的当地时间（没有经过夏时制调整，也不是统一的跨时区标准时间）。越远离赤道地区，这种方法越可靠，因为如果阳光几乎是直射的话，很难精确辨别方向。使用这种方法的具体步骤取决于测向者是在北半球温带地区还是在南半球温带地区，手表是传统的手表还是电子表。

北半球温带地区位于北纬 23.4 度到北纬 66.6 度之间，在此地区利用机械手表辨别，其方向步骤为：将手表水平放置，时针指向太阳，时针和 12 刻度之间的夹角平分线指向北方；南半球温带地区位于南纬 23.4 度到南纬 66.6 度之间，在此地区利用机械手表辨别方向，其步骤为：将手表水平放置，将 12 刻度指向太阳。12 刻度与时针指向间的夹角平分线指向南方。

如果没有机械手表，只有电子手表或者手机，一样可以使用手表测向。只需要在平坦的地上画一个机械手表，标上时间（按照电子手表或手机显示的时间），使指针都指向正确的时间，其他步骤和机械手表一样。

机械手表

日影测向

世界上任何地方的太阳都是东升西落的，因此不管在何处，都可以利用影子来辨别方向。这种方法是利用阳光对事物的照射而形成的阴影，根据阴影的变化确定方向。

测向者需要找一根长约 1 米的棍子，一块没有草木生长的平地，这样可以使棍子的影子清晰地投射到地面上。将棍子竖直插入地面，不需要与地面绝对垂直。在棍子倒影的尖端做一个记号。10～15 分钟后，再标记出棍子顶端在地面上新的投影位置。将第一个记号和第二个记号连起来，画一条线，经过第二个记号后继续画延长线（约 30 厘米）。左脚站在第一个记号上，右脚站在线的另一端。如果是在北半球温带地区，测向者面朝的方向就是北方。如果身处南半球温带地区，测向者面对的就是南方。确定北方或南方后，再辨别其他方向就水到渠成了。

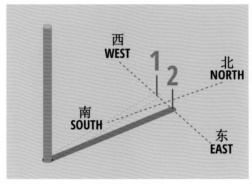

日影测向示意图

6.2.3 | 利用月亮和星座

月亮

在能看到月亮的夜晚，可以像用观察太阳移动的位置辨别方向一样，借由月亮的形状找出东南西北。众所周知，月亮自身并不发光，但它会反射太阳光。当月亮沿地球公转时，由于相对位置不同，从地球上看去，月亮的形状也会有圆缺之变。测向者可以利用这点来确定方向。

月亮升起的时间，每天都比前一天晚 48 ～ 50 分钟。例如，农历十五日的 18 时，月亮从东方升起。到了农历二十日，相距 5 天，就迟升 4 小时左右，约于 22 时从东方天空出现。俗话说"月有阴晴圆缺"，月相变化也是有规律的。农历十五日以前，月亮的亮部在右边，农历十五日以后，月亮的亮部在左边。上半月为"上弦月"，月中称为"满月"，下半月则为"下弦月"。

每个月，月亮都是按上述两个规律升落的。根据月亮从东转到西，约需 12 小时，平均每小时约转 15 度这一规律，结合当时的月相、位置和观测时间，可以大致判定方向。例如，晚 22 时，看见夜空的月亮是右半边亮，便可判明是上弦月，太阳落山是 18 时，月亮位于正南。此时，时间已经过去了 4 小时，月亮在此期间转动了 60°（15°×4）。因此，将此时月亮的位置向左（东）偏转 60° 即为正南方。

月相变化图

北极星

北极星是正北天空一颗较亮的恒星，夜间找出北极星，就找到了正北方向。我国处在北半球，终年晴空夜间都能看到它。北极星位于小熊星座（小北斗）的尾端，由于小熊星座比较暗淡，所以通常利用大熊星座（大北斗）和仙后星座（W 星座）来寻找。

北极星方位示意图

北极星到大熊星座和仙后星座之间的距离几乎等同。大熊星座由七颗明亮的星星组成，形状像一把倒扣的勺子，将勺子外端两颗星（指极星）的连线向勺口方向延长，约为两星距离 5 倍处的那颗星，就是北极星。仙后星座由五颗星组成，形状有时像一个倾斜的 M，有时像一个倾斜的 W，取决于它在星空中的位置。在 W 字母的缺口方向，约为缺口宽度两倍处的那颗星，就是北极星。

👉 南十字星

如果求生士兵身处赤道以南，可以利用南十字星座辨别方向。南十字星座只能在北回归线以南看到，它的位置在正南方，位于半人马星座与苍蝇星座之间的银河，很好辨认。北方的水手，依靠北极星来判断正北方向，而跑到南半球，就需要依靠南十字星座来判断正南方向。

南十字星座方位示意图

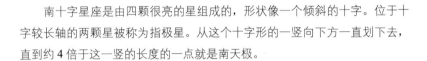

　　南十字星座是由四颗很亮的星组成的，形状像一个倾斜的十字。位于十字较长轴的两颗星被称为指极星。从这个十字形的一竖向下方一直划下去，直到约4倍于这一竖的长度的一点就是南天极。

6.2.4 | 利用地物和动植物

　　由于太阳、月亮和星星并非每天都能看见，利用它们辨别方向也存在一定的操作难度和误差，所以求生士兵还可以利用地物和动植物来辨别方向。不过，利用自然界特征判定方位时，要注意具体情况具体分析，不能生搬硬套。

　　如果遇到废弃的人类建筑，求生士兵可以利用建筑格局来辨别方向。以我国北方地区为例，民居、庙宇、宝塔的正门多朝南开，尤其是庙宇群中的主体建筑。由于我国幅员广大，土地辽阔，各地都有不同的特征，只要留心观察，就会找到判定方向的自然特征。至于世界其他地区，也有各自的鲜明特点，平时应注意调查。

　　在野外岩石众多的地方，可以找一块醒目的岩石来观察，岩石向北一侧基部较潮湿并可能生长低矮的苔藓植物，而向南一侧通常干燥光秃。在冬季，岩石南面积雪融化较快，而北面积雪融化较慢。

　　植物一般都趋向阳光，这就为正确识别南北方向提供了有力的证据。树干上苔藓朝着阳光的一面会更绿；反之，对应面的苔藓可能会变成黄色或棕色。树木通常南面枝叶茂盛，树皮较光滑；北面枝叶较稀少，树皮粗糙，有时还长青苔。砍伐后，树桩上的年轮，北面的间隔小，南面的间隔大。树皮粗糙的一边是北方，树皮光滑的一面是南方。如果是山区，一般阴坡（北侧山坡），低矮的蕨类和藤本植物比阳面更加发育。

　　许多动物对于方向极为敏感，例如：大雁飞行方向是秋季向南方飞，春季向北方飞；蚂蚁的洞口一般朝南开；蝎子的洞口一般向北方开。

岩石北侧生长的苔藓

秋季向南方飞行的大雁群

第 7 章

野外行进和寻求救援

　　为了脱离困境，求生士兵往往需要在荒野中长时间徒步行进，掌握一定的步行技巧以及不同地形地貌的通行方法，将会大大增加求生士兵的生还机会。另外，为了及时与救援者取得联系，还要懂得正确地发送求救信号。

7.1 | 野外行进技巧

7.1.1 | 徒步行走要领

荒野之中，往往没有人工修建的平坦道路可走，徒步行进的求生士兵需要穿越各种崎岖难行的地形。因此，无论选择什么样的行走方式，都应掌握一些基本的要领，这样才有利于长期坚持，又不至于疲惫不堪。

首先，要摒除徒步行走只是双脚运动的简单想法，它应该是调动全身各器官共同工作的运动。徒步行走不仅要求行走者通过摆臂来保持身体平衡、步调，同时要在行走过程中调整呼吸与步调呈有节奏的状态。最好的行走速度是走而不喘，脉搏尽量不要超过每分钟120次，肩沉背挺，全脚掌触地，从脚跟到脚尖位移，尽量保持匀速。

刚开始行走时，速度可以放缓一点儿，给身体每个部分事先预热的机会，5～10分钟后，再加快行走速度。行走上坡时，重心应在脚掌前部，身体稍向前倾，下坡时重心放在后脚掌，同时降低重心，身体稍微下垂，无论上坡下坡，对于坡度较大的地点，应走"之"字形，尽量避免直线上下。

行走中的休息也要讲究方法，一般是长短结合，短多长少。途中短暂休息最好控制在5分钟以内，且不要卸掉背包等装备，以站着休息为主，调整呼吸。长时间休息以每60～90分钟一次为好，休息时间为15～20分钟，长时间休息应卸下背包等所有负重装备，先站着调整呼吸2～3分钟，然后坐下，不要一停下来就坐下休息，这样会加重心脏负担。休息期间，自己或者同伴之间可以相互按摩腿部、腰部、肩部等肌肉，也可以躺下，抬高腿部，让已经充血的腿部血液尽量回流心脏。但是不能脱鞋，尤其在长途行走中，双脚会稍微发胀，中途休息脱鞋，后边的路程只会使行走者更加难行。

途中喝水以量少次多为原则。喝水应是主动的，不要等口渴时才想起喝水。每次喝两三小口为好，为避免出现口渴过度的情况，可以适当缩短喝水时间，增加喝水次数。口中含有口水，也能帮助消渴。

徒步行走的德国陆军士兵

手持水瓶徒步行走的美军士兵

南非陆军士兵正在商量行进路线

7.1.2 | 渡过水障

地球表面 71% 为海洋，仅有 29% 为陆地，而陆地上还有许多河流湖泊。

因此，可以这么说，除了沙漠外，求生士兵在其他任何地方都可能会遇到水的障碍，可能是小溪、河流、湖泊、沼泽或者湿地。不管是什么，都需要知道如何安全渡过。

一条小溪或者一条河可能很窄，也可能很宽；可能很浅，也可能很深；可能是缓流，也可能是急流；可能覆盖着积雪，可能结了冰。士兵需要做的第一步是选择一个基本安全的过河点。所以应先寻找一块高地，从上面可以看到整个河面的情形，然后找到过河地点。如果没有高地，那就爬到树上。

仔细检查河流，看有没有以下情形：有没有分成几条水道的水面。通常过两三条窄窄的水道要比过一条宽的河容易得多；对岸是否有障碍物，它可能会阻碍人行进，选择可以最安全、最容易行进的地点；有没有很深的、水流很急的瀑布，有没有很深的水道。绝对不能从这些地点或其附近过河；有没有岩石丛生的地方，避开这里。撞到岩石上可能会使人受重伤。不过，零星的、隔断水流的石头可能会对人有所帮助；有没有浅滩或沙洲。如果可能，选择浅滩或沙洲上游的地点过河，那么即使失足了，水流会将人冲到浅滩或沙洲上；河中有没有一条水流朝下游流去。过河时，应沿着与这条水流呈 45 度角的方向行进。

正在过河的美军士兵

美军士兵从分成几条水道的地方通过河流

如果涉水者能站住脚，不用过于担心河流或溪流的深度。事实上，深的水通常流得比较缓慢，因此比水流很急的浅水更安全。可以在过河后弄干衣服，也可以做一条筏，将衣服和装备放在筏上过河。

如果游泳过河，要顺着水流的方向游，绝不可逆流而上，尽量保持身体呈水平状，这会减少被暗流拖入水中的危险。过浅的急流时，背部朝下，脚朝前，两手放在臀部两侧快速拍打水面以增加浮力，从而避开水下的石头。抬高双脚，避免被石头擦伤或撞上石头。过深的急流时，腹部朝下，头朝前，尽量使身体与河岸保持直角。在浪峰之间呼吸。避开回流和水流汇集处，因为那里经常会有危险的漩涡。避开瀑布落下泛泡沫的水面，那里几乎没有什么浮力。

如果准备过一条急流或者危险的河流，可以脱掉裤子和内衣，减少水流在腿上的摩擦。不过要穿着鞋子，保护脚和脚踝免受石头伤害，并且可以立足更稳。将裤子和其他一些重要物品紧紧绑在背包顶部，这样，如果不得不放弃背包时，所有的物品都在一起。找一个大的背包比找几个琐碎的东西要容易得多。将背包背在双肩上，一旦立足不稳，可以马上松开背包。

为了保险起见，涉水者可以找一根直径约为 0.12 米、长约 2 米的杆子，要足够结实，用这根棍子帮助自己过河。紧紧握住杆子，将它插入上游的水流中，它可以隔断水流。每脚都要踩实，将杆

英军士兵借助背包的浮力过河

子往前移时，插入的地点要比上一次的地点稍稍往下游一点，不过仍要在上方。往前行进时，脚踩在杆子下方。保持杆子倾斜，水流会使杆子抵在你的肩膀上。

如果还有同伴，那么和同伴一起过河。体重最重的那个人握住杆子的末端，站在下游的位置，体重最轻的那个人握住杆子的前端，站在上游的位置。这样，上游的那个人会阻断水流，而后面的人通过前面的人造成的漩涡时也相对容易些。如果上游的人立足不稳，其他人也能够稳稳站住，直到那个人重新站稳。

在渡水前要先检查水的温度。如果水温极低，而且没有浅的地方可以涉水而过，那么不要试图涉水，而要思考其他的渡水方法。例如，可以推倒一棵树，使之架在河上，临时搭建一座桥。或者可以做一个足够大的木筏，可以承载人和装备。但是做这些需要一把斧头、一把刀、一些绳子或者藤条，而且还需要足够时间。可以用干枯的、直立的树来做圆木。两极和两极附近地区的云杉是做木筏的最好圆木。做木筏最简单的方法是用横木将一排圆木的两端紧紧固定在一起。

如果水温适合游泳，但是涉水者却不会游泳，那么可以做一个漂浮装置。可以将空的罐头、汽油罐或者盒子绑在一起来做漂浮装置，不过这种漂浮装置只能在水流较缓的河流里使用。也可以找一根圆木来做漂浮物，但渡水前一定要先测试圆木能否漂浮，有的树木即使是干枯的也会沉到水里。

有些水域可能会有暗流或者漂浮的植物，使游泳比较困难。不过如果人能保持冷静，不去和那些植物纠缠，那么即使植物相对密集，还是可以游泳通过的。越贴近水面越好，采用蛙泳的方式，腿部和手部动作要小。拨开周围的植物，它们可能会盖住人。如果累了，换用仰泳的方式，或者仰浮于水面，直到休息够了再继续用蛙泳姿势前游。

如果要过红树林湿地，要先等潮退，如果在陆地这边，先找一片狭窄的小树林，然后从这里往海边走。或者寻找在树木间流淌的水道，跟着水道到海边。如果人在靠海这边，沿着溪流或水道到陆地。如果要通过大面积的湿地，用筏是最好的方法。

对于沼泽，最好选择绕过，如果无法绕过，可以用圆木、树枝或树叶架在上面，然后再过去。另一种方法是趴下，双手展开，游过去，或者爬过去，一定要确保身体水平。切记不要徒步走过去，站立时试图抬起脚只会使人下沉更深。在沼泽地里，那些长有植物的地方通常都够硬，能支撑人的体重，但是在开阔的泥淖地或水面，通常没有植物。

美国陆军小队通过溪流

哈萨克斯坦士兵借助绳索过河

美军士兵借助绳索过河

7.1.3 | 山地行进

山地往往由起伏不定的山丘或沟岭组成，中间有小溪、山崖或林丛。路面往往较复杂，需要综合应用各种徒步穿越技巧。在山地行进，为避免迷失方向，节省体力，提高行进速度，应力求有道路不穿林翻山，有大路不走小路。如没有道路，可选择在纵向的山梁、山脊、山腰、河流小溪边缘以及树高、林稀、空隙大、草丛低疏的地形上行进。一般不要走纵深大的深沟峡谷和草丛繁茂、藤竹交织的地方，力求走梁不走沟，走纵不走横。

山地行走，经常会遇到各种岩石坡和陡壁。因此，攀岩是登山的主要技能。在攀登岩石之前，应对岩石进行细致的观察，慎重地识别岩石的质量和风化程度，然后确定攀登的方向和通过的路线。攀登岩石最基本的方法是"三点固定"法，手和脚要做好配合动作。两手一脚或两脚一手固定后，再移动其他一点，使身体重心逐渐上升。运用此法时，不能向上蹿跳和猛进，并避免两点同时移动，而且一定要稳、轻、快，根据自己的情况，选择最合适的距离和最稳固的支点，不要跨大步和抓、蹬过远的点。

草坡和碎石坡是山地间分布最广泛的一种地形。在海拔3000米以下的山地，除了悬崖峭壁以外，几乎大都是草坡和碎石坡。攀登30度以下的山坡，可沿直线上升。身体稍向前倾，全脚掌着地，两膝弯曲，两脚呈外"八"字形，迈步不要过大过快。当坡度大于30度时，沿直线攀登就比较困难了。因为两脚腕关节不好伸展，容易疲劳；坡度大，碎石易滚动，容易滑倒。因此一般均应采取"之"字形上升法。即按照"之"字形路线横上斜进。攀登时，腿微曲，上体前倾，内侧脚尖向前，全脚掌着地，外侧脚尖稍向外撇。通过草坡时，注意不要乱抓树木和攀引草蔓，以免拔断使人摔倒。

在碎石坡上行进，要特别注意脚要踏实，抬脚要轻，以免碎石滚动。在行进中不小心滑倒时，应立即面向山坡，张开两臂，伸直两腿（脚尖翘起），使身体重心尽量上移，以减低滑行速度。这样，就可设法在滑行中寻找攀引和支撑物。千万不要面朝外坐，因为那样不但会滑得更快，而且在较陡的斜坡上还容易翻滚。

雨季在山地行进，应尽量避开低洼地，如沟谷、河溪，以防山洪和塌方。

如遇雷雨，应立即到附近的低洼地或稠密的灌木丛去，也可以寻找地势低的地方卧倒。在山地如遇风雪、浓雾、强风等恶劣天气，应停止行进，躲避在山崖下或山洞里，待气候好转时再走。山地行进不要过高估计自己的体力，疲劳时，就应适时休息。不要走到快累垮了才休息，那样不容易恢复体力。正确的方法是大步走一段，再放松缓步慢行一段，或停下来休息一会，调整呼吸。站着休息时，不要卸掉背包，可以在背包下支撑一根木棍，可以减轻身体负重。若天气冷，不要坐在石头上休息，石头会迅速将身体的热量吸走。

美国陆军士兵练习攀岩

美国陆军士兵在山脊上休息

美国陆军小队在积雪山地中徒步行进

气温较低时坐在石头上休息极不可取

7.1.4 | 丛林行进

　　一般情况下，丛林求生的关键在于行进。救援者在和求生者取得联系之后，可能无法马上将其接走，求生者可能需要走数千米到一个可以接载的地点。准备出发前，必须考虑以下问题：现在所处的位置被发现和获救的可能性；自己的身体状况；可用的食物和水。在多数丛林里，食物和水都很充足；自己的导航装备以及使用它们的能力；个人装备和衣服。

对丛林行进最有帮助的辅助物是：砍刀，可以开路、获得食物，还可以用来制作木筏；指南针，帮助辨别方向；治疗发烧和感染的药物；结实的鞋，可以保护脚部，使行走更轻松；吊床，减少了在地面之上准备一张床的时间；蚊帐，保护士兵不受昆虫叮咬。

在丛林里寻找出路时，应该寻找最安全、阻碍最小的路线。在选择路线时，处境、天气情况、地形是需要考虑的主要因素。阻碍最少的路线常常是水路。如果可能，要尽量避免越野穿行。找一条溪流，沿着溪流往下游走，走到较大的水域时，扎营，准备信号，等待搜寻飞机。如果一个星期之内还没有和救援者取得联系，应继续沿着溪流朝下游走，然后重新扎营。

沿着溪流行进可能需要涉水、绕路、穿过稠密的植物等。在山地，溪流可能会弯弯曲曲，植物可能非常茂密，可供观察的地点很少，而沼泽湿地也很常见。然而，即使在陌生的野外，沿着溪流行进还是有一些优势：它提供了一条明确的路线，这条路线很可能会通向人的居住地；能提供水和食物，还可以乘小船或木筏在溪流上行进。

如果在山脊附近，便会发现在山脊上行进比在山谷里行进要容易得多。比起山谷，山脊上较少有植物、溪流和沼泽需要穿过。山脊还可以带路，可以提供观察地点，可以找出陆标。另外，山脊上通常会有野兽的足迹。不过，如果该地区有敌人，要小心隐蔽自己。

计划好每天的行程，要留下足够的时间和精力去搭建一个安全的、舒适的营地。在继续行进前，要确保自己已经获得了充分的休息和睡眠。求生者行进的速度有多快，取决于天气情况、自己和同伴的身体状况、地形、携带的装备量、食物需求以及该地区敌人的位置和数量。

在丛林里行进，植物障碍很多，需要协调身体各个部位来避开植物：侧一下肩膀、挪一下臀部、弯一下腰等。根据植物的类型和茂密程度调整自己的步幅和速度。在穿过密集的植物时，动作要慢、要稳，不过还需要不时停下来聆听周围的动静，辨明方位。声音在丛林里可以传得很远。可以用一根树枝或棍棒分开植物，免得碰上毒虫。

一般情况下，不要试图抓住树枝或藤条来爬坡或越过障碍。它们可能长有刺人的荆棘或尖利的刺，而且它们可能支撑不了人的重量。遇到木头时，如果可以绕过去，就不要翻过去。绕着走可以节省体力，也可以减少受伤的可能性。

许多丛林动物会沿着野兽踩出的道路活动。这些路可能会蜿蜒迂回，但是它们经常通向水源或开阔地。上路行进之前，检查一下敌人以及可能会伤害自己的动物情况。敌人很容易观察到路面的情况，在路面布置埋伏也很容易，因此应该尽量避开道路，除非实在没有其他路可以走。

如果沿着道路行进，一定要经常检查方位，确保道路通向所要到达的地方。小心那些被动过的地方，那里很可能是一个陷阱或圈套。如果路上有很明显的障碍，如一根绳子或一块草垫子，那就不要沿着这条路的方向向前走，它很可能通向一个捕捉动物的陷阱。

沿着丛林河流行走的士兵

美军士兵在丛林中徒步行进

美国海军陆战队士兵在为队友放哨

美国海军陆战队士兵在丛林中行进

7.1.5 | 沙漠行进

要想在沙漠地区求生和逃避敌人，求生者必须知道自己面临的环境条件，并做好准备。沙漠不仅影响人获得水、食物、避身场所等，还会使身体运动和地面导航变得更加困难，也会限制人的隐蔽和藏匿。在沙漠地区，求生者必须考虑八种环境要素：降雨少、烈日酷暑、温差大、植物稀少、地表矿物含量高、沙暴、海市蜃楼、光线水平，并决定自己将使用的装备和采用的战略，还要知道环境会对装备、战略以及自己本身产生什么样的影响。

降水少是沙漠地区最明显的环境特征。有些沙漠地区年降水量不到 100 毫米，而且降水会迅速渗入地下。沙漠地区白天大气温度可以高达 60℃。热量主要来源于阳光直射、火热的流动风、反射的热量（阳光照在沙子上反射的热量）以及从沙子和岩石上直接传导的热量。沙子和岩石的温度比大气温度平均高 17 ~ 22℃，例如，当大气温度是 43℃时，沙子的温度可能是 60℃。无线电以及其他敏感设备暴露于烈日直射下容易发生故障。烈日酷暑还增加了身体对水的需求，为了保存体力和能量，求生者需要一个避身场所来减少暴露于酷热之下的时间。

沙漠地区植物稀少，所以避身或掩饰行踪很困难。白天可视范围非常大，很容易被敌方火力控制。作为一个求生者，必须遵循以下沙漠隐藏的原则：隐藏在植物生长比较浓密的谷地里，尽量不要让自己一览无遗；利用灌木、石头、露出地面的岩层等投射的阴影。阴暗处的温度比大气温度低 11 ~ 17℃。另外，将随身物品盖住，可以反射一部分阳光光线。

在沙漠地区，白天的大气温度可以高达 54℃，而晚上却会降到 10℃。晚上气温迅速下降，如果人没有保暖的衣物，会冻得瑟瑟发抖，无法移动。不过，凉爽的夜晚正是工作或行进的最佳时机。夜间行进可以使水的用量降到最小限度。还可以在黎明、黄昏或月光下侦察地形，因为那个时候不大可能有海市蜃楼出现。

行进之前，要观察地形，寻找能够提供掩护和隐蔽的地点。在空旷的沙漠地区，多数人都会低估距离，估计的距离只有实际距离的三分之一：看上去只有 1000 米的距离，实际上可达 3000 米。在沙漠中无法保证能够从外界补充水分，所以可以通过曲线救国的方式，减少体内水分的流失来减少摄水量。行走过程中，控制好节奏，不要走得太累，一定要用鼻子而不是嘴巴呼吸，用鼻子呼吸可以有效减少呼吸所造成的体液蒸发、流失。嘴里可以含一小口水，这样吸进来的空气经过水的降温再进入肺部后，可以减少肺部的体液流失。喝水时一定要小口小口地喝，不要大口牛饮。

沙暴在多数沙漠地区都经常发生。位于伊朗和阿富汗境内的锡斯坦沙漠，沙暴可以连续吹 120 天。在沙特阿拉伯境内，沙暴平均风速为每小时 3.2 ~ 4.8 千米，而下午风速可达每小时 113 ~ 129 千米。大的沙暴和尘暴一星期至少一次。对于求生士兵来说，最危险的事是在漫天风沙中迷路。因此，在遇到沙暴的时候，应该戴上护目镜，用衣服将口鼻都遮起来。如果没有天然的避身所，应该做一个记号表示你行进的方向，然后躺下来，等沙暴停息。风里面的尘土和沙子会影响无线电通话，所以需要使用其他发信号的方法。

海市蜃楼是一种光学现象。沙质或石质地表热空气上升，致使光线发生折射作用，于是就产生了海市蜃楼。海市蜃楼会发生在离海岸线大约 9.6 千米的沙漠地区，会使 1.6 千米以外或更远的物体看起来似乎要移动。海市蜃楼会使一个人很难辨别远处的物体，同时也会使远处物体的轮廓变得模糊不清。海市蜃楼还会使人识别目标、估计射程、发现人员等变得十分困难。不过，如果求生者寻找到一个高一点的地方（高出沙漠地面 3 米），就可以避开贴近地表的热空气，从而消除海市蜃楼幻觉。

沙漠地区的光线水平比其他地形中的光线水平要强得多。有月光的夜晚，人可以看见很远的灯光、红色信号灯，甚至照明不足的光。声音也传得很远。相反，没有月光的夜晚，视线极差，此时行进会非常危险，必须多加小心，避免迷失方向，防止掉进沟里，或者误打误撞进入了敌方阵地。在这样的夜晚，除非有一个指南针，并且白天已经在避身所休息过，观察并记住了地形，选择好了路线，在这样的情况下，行进才是可行的。

在沙漠中行走的美军士兵

美军士兵在沙漠中休息

美军士兵在荒漠中行走

7.1.6 | 极地行进

　　在北极地区，一年中最温暖的月份平均温度也不超过 10℃。寒冷的气候是一种很强的自然力量，即使人认识到它的危险以及能够利用它的一些个别特征，它还是可能会成为一个可怕的对手。忽视或低估这股力量可能会导致死亡。

　　在北极地区，冷风降温会增加危险，这是流动的空气吹在暴露在外的人体皮肤上造成的结果。举例来说，风速为 15 节的风在气温为 −9℃下造成的严寒温度，其效果和零下 –23 ℃的无风空气温度造成的效果一样。因此，风速越大，严寒温度就越低。

在寒冷的环境中，天气和温度的变化很快。这些变化会影响野外行进者的速度，增加行进的困难。例如，雨、雪或者温度的升高都可能使人无法继续前进，或者使几天还很容易翻越的地形变得非常危险。在寒冷地区获得生活基本所需，要比在温暖环境中困难得多。即使人已经有了这些基本必需品，还必须有足够的衣服保暖以及坚定的求生意志。

在极地地区行进，会遇到很多障碍，障碍类型及其危险性取决于行进者的位置和季节。首先，应该避免在暴风雪中前进。穿越薄的冰层时要特别小心，可以平卧在冰面上匍匐前进，这样可以分散身体的重量分布。过河时，要等到河水水位最低时。正常的结冰、解冻作用可能会使水位在一天中相差 2 ~ 2.5 米。而结冰、解冻过程可以发生在一天中的任何时刻，这取决于河流到冰川的距离、温度以及地形。在河水边扎营时，也要考虑到水位的变化。

过雪桥时，只有和水流障碍呈直角的雪桥才可以通过。用棍子或冰镐找出雪桥上最坚实的部分，为了分散重量，也可以爬过去，或者穿上雪鞋或滑雪板。在积雪覆盖的地区行走时要穿上雪鞋，30 厘米或以上的积雪会使行走非常困难，而且如果鞋袜湿了，还会导致战壕足病或冻伤。如果没有雪鞋，可以用柳树、布条、皮革或其他适合的材料自己做一双。

大多数时间，应考虑将河流（无论结冰与否）作为行进之路。结了冰的河面上通常没有松软的积雪，因此比陆地上更容易行走。如果是在有山的地区，要避开那些可能发生雪崩的地方。在有雪崩危险的地区，应选择在凌晨行进。在山脊上，雪会在背风的一面积聚起来，形成垂悬的雪堆，称为雪檐。雪檐经常会延伸出山脊很远，如果踩在上面，可能会断开。

北极清澈的空气会影响人对距离的估计，低估距离比高估距离更易发生。所以要尽量避免在"乳白天空"的环境下行进，在颜色失去对比的情况下，人无法对天然地形作出判断。无论如何，野外行进者都应该在天色尚早时开始扎营，这样才能保证有足够的时间在天黑前搭建好避身场所。

戴着墨镜在北极行走的美军士兵

美军士兵在冰山上行走

正在雪地中休息的美军士兵

7.1.7 | 海洋行进

在远海求生，求生者需要面对海浪和海风，也可能会遇到酷热或严寒。为防止这些环境危害造成严重后果，必须尽快采取预防措施，利用可用资源保护自己不受天气、酷热、严寒或湿度的伤害。但是，保护自己免受天气伤害只是基本需求之一，还必须能够获得水和食物。如果这三个基本需求得到满足，就不容易出现生理及心理的问题。

在海上生存取决于求生者对求生装备的了解和使用能力以及应用装备对付遇到的危险的特殊技术和能力。如果乘坐的飞机落入海中，不管是在水里，还是在救生筏上，都要尽快离开飞机，到它上风的位置，但要停留在附近水域，直到飞机沉下去。同时，要注意离开燃油覆盖的水面，以防燃油着火。

如果落在水里，要往救生筏游去。如果没有救生筏，应努力找一块漂浮的飞机残片，攀附在上面，放松自己。即便没有任何漂浮物可以依靠，求生者也要做出一些动作来使脸部浮出水面。一般来说，仰浮于水面所消耗的能量最少。可以背朝下平躺在水上，手臂放在身体两边，用手掌拍打水面，人的头部会部分浸入水中，但是脸部会露在水面之上。另一个保持漂浮的方法是脸朝下，双臂伸展开来，双腿指向水底。呼吸的时候，双手往下按水，将头抬出水面，吸一口气，然后再低下头，让双臂恢复成伸展的姿势。

在求生情况下，求生者应尽量采用下列游泳姿势：①狗爬。如果落水时穿着衣服或者穿着救生背心，这种姿势是最好的，尽管速度慢，但是不需要太多力气。②蛙泳。这种姿势用于水下游泳，或者需要穿过水面的油层或残骸时，或者海浪很大时，应该采用这种姿势。对于长距离的游泳，蛙泳可能是最好的姿势，因为这种姿势能使游泳者保持体力，并且能保持合理的速度。③侧泳。这是很好的放松泳姿，因为只需要一只手臂来维持动力和浮力。④仰泳。在其他泳姿中需要运用的肌肉可以用这种泳姿来放松。如果有水下爆炸的可能，那么也要采用这种泳姿。

如果在救生筏中，必须尽力打捞所有漂浮的装备：无线电收发机、干粮、饭盒、热水壶、衣服、坐垫、降落伞，以及其他任何可以帮助人生存的东西。将打捞上来的物资固定在救生筏上，并确保这些物资当中没有尖利的边角，以免刺穿救生筏。这时求生者还需要使用一个水桶或一卷布制作一个简单的锚，它可以帮助自己停留在逃生点附近，使搜救人员更容易发现。

不管求生者做什么，救生筏都会移动，移动路线取决于风、海流以及救生筏上的人如何使用桨、舵、锚和帆。如果海流朝自己的目的地流动，而风向却不是，那么应放下海锚，蜷缩在救生筏里，使风的阻力减到最小。在远海水域，水流一天移动的距离很少超过 13 千米。

救生筏没有龙骨，所以无法迎风行驶，不过可以顺风行驶。多座救生筏可以成功地朝偏离风向 10 度的方向行驶。如果风向是朝着目的地吹，那么要充足救生筏的气，坐直，收起海锚，升起帆，用桨当舵。在多座救生筏里，应把帆直立在救生筏前端，利用桨做桅杆和横木。如果没有常规的帆可用，可以用防水的油布或一两张厚厚的降落伞布来做一张帆。

在暴风雨天气中，应立刻装上天篷和风挡。所有的人都要坐着，体重最大的人坐在中间。在寒冷的天气中，应尽量多穿衣服，并保持衣服宽松、舒适。也可以大家抱在一起以保持体温，并适当运动保持血液循环。在炎热的天气中，应将所有能遮盖的皮肤都遮盖住，以免被阳光灼伤。

如果落入敌方海域，要采取特别措施防止被敌人发现。一般来说，最好不要在白天行动，应放下锚，等待夜幕降临再划桨或升帆，在救生筏里尽量使身体低平。在试图引起经过船只注意之前，一定要先确认对方身份。

被漩涡卷入水下的美军士兵

在水下潜泳的美军士兵

7.2 | 发送求救信号

7.2.1 | 发信号的原则

无论求生者身处哪一种野外环境，最终的目标都是与救援队取得联系，并尽快返回部队。通常情况下，联系就是要给出信息和接收信息，作为一个求生者，必须使用某种方式发出信息，该方式要能够使救援队容易接收。

选择哪种信号，主要由所处环境决定。记住：在空中，飞行员很难发现一个人或者一小队人，特别是在视线受阻时。所以求生者要竭尽所能，使用一切可能的方式吸引飞行员的注意，要使他不管飞多高、飞多快都能看到。不过要小心发信号的方式，在有些情况下，飞行员会误把闪光信号当成敌人的地面火力。

以下是一些发信号的方式：人工几何图形，在杳无人烟的地区可以使用如直线、圆圈、三角形、X形的图案；一大堆火或者闪光灯；大的、明亮的、缓慢移动的物体；大的发信号装置；或者利用对比，包括颜色对比和明暗对比。

　　无论求生者准备使用哪种信号装置或技术，都需要知道如何使用，并能够在短时间内发出信号。如果可能，要尽量避免那些可能使自己陷入危险的信号方式。注意：发给友军的信号可能会使敌人发现自己的行踪。因此，发信号前，应仔细权衡被友军营救的可能性和被敌人俘获的可能性。

　　无线电可能是使别人获悉求生者身在何处以及收到别人信息最可靠、最快捷的方式。所以要熟悉所在部队的无线电，学习如何操作它们，如何发送并接收信息。

综合运用多种发信号的方法（①火堆；②显眼衣物；③天然材料；④反光镜）

7.2.2 | 发信号的方法

　　不同的野外环境，发信号的技术、装置和物品也不相同，求生者必须学会在不同环境中采用或调整不同的方式。如果飞行员发现了求生者，他们通常会通过飞机的运动或用闪光灯作出回应。一旦飞行员有所回应，表明已经收到并理解了第一个信号，要马上准备好布置其他信号。

☛ 专用信号装置

　　许多国家的军队都会为士兵配备用于发送信号的装置，包括单兵无线电、信号布板、信号枪、信号弹和信号灯等。如果求生者恰巧带有这些装置中的任何一种，都可以用其发送求救信号。其中，信号枪的射高可达 150 米，空中范围直径约为 3 米。如果想保持信号枪处于随时待命状态，可以将它用绳子或链子挂在脖子上，一旦救援飞机出现马上发射，并准备好第二次发射。同时也需要做好隐蔽的准备，以防飞行员误将信号弹当作敌人火力。

正在使用无线电装置的英军士兵

☛ 火

　　在黑暗中，火是最有效的信号手段。生三堆火，使之围成三角形（国际通用的受困信号），或者排成直线，每堆火之间相距大约 20 米。只要时间和形势允许，尽快把火堆生起来，小心看护不要使它们熄灭，直到不需要它们的时候。如果求生者是孤身一人，保持三堆火燃烧可能有点困难，那就保护好一堆火。

生信号火堆时，求生者要考虑自己的地理位置。如果在丛林中，那么找一片天然的空旷地或者在溪水边生火，以免火堆被丛林的树叶遮挡住。如果没有天然的空地，必须清理出一片空地来。如果是在雪地中，可能需要清理地面的积雪或者搭一个平台用以生火，这样火才不会被融化的雪水浇灭。

燃烧的树木是另外一种吸引注意力的手段。含有树脂的树木即使是未干枯的也能点燃。对于其他类型的树木，可以在较低的树枝上放一些干枯的木头，点燃干木头，这样火势向上烧，会点燃整棵树。在树未烧完前，砍一些未枯的小树添加到火里，可以产生更多的浓烟。一定要选择离其他树木很远的树，以免发生森林火灾，危及自身安全。

围成三角形的信号火堆

烟

白天可以用烟来吸引注意力。国际通用的受困信号是三柱烟。求生者应该尽力使烟的颜色和周围的背景颜色有区别：如果背景是浅色的，那么使用黑烟，反之亦然。如果在火上加一些绿色的树叶、苔藓，或者浇一点水，那么产生的烟会是白色的；如果往火里加一些橡胶、浸过油的碎布等，产生的烟会是黑色的。在沙漠地区，烟无法升高，总是在地面盘桓，不过在空旷的沙漠地带，飞行员还是能看见。

用烟来做信号通常只适用于相对风和日丽的日子，大风、雨、雪都会将烟驱散，减少求生者被发现的可能性。如果求生者有烟雾手榴弹，也可以使用它们。一定要保持手榴弹干燥，确保需要使用时它们有效，使用时注意不要点燃周围的植物。

在火上加橡胶会产生烟雾

在火上加绿色树叶会冒白烟

美军士兵使用烟幕弹发送信号

反光镜或闪光物

在晴朗的白天，镜子是最好的信号装置。如果没有镜子，可以磨光随身携带的水杯、皮带扣或者其他类似物体，使之可以反射阳光。将反光集中于一处，要避开敌人的视线。为了在救援者经过时及时发送信号，可以将镜子用绳子或链子悬挂在脖子上，随时准备使用。不过一定要将可以反光的一面贴着自己的身体，以免它反光被敌人发现。

用镜子发信号时速度不要太快，因为飞行员可能会错把信号当成敌人的火力。光线直射到飞机座舱上的时间也不能太长，不要超过几秒，否则可能会使飞行员眼花。阴霾、雾气都可能使飞行员很难看到闪光物发出的信号，因此，如果可能，到周围地势最高的地方去发信号，如果看不到飞机，那就朝着飞机发出声响的方向发信号。

正在使用反光镜发送信号的美军士兵

手电筒或闪光灯

在漆黑的夜里，求生者可以使用手电筒或闪光灯向飞机发出求救信号。使用频闪闪光灯时，小心不要让飞行员误认为是袭来的枪弹。以美国军队装备的 MS 2000 频闪求生信号灯为例，其使用两节 AA 电池供电，能发出 25 万流明的白光。据军方测试，9.6 千米以外都能看到它发出的白光。该信号灯的防水深度达到 10 米，即便是落入海中的士兵也能使用它求救。MS 2000 频闪求生信号灯带有滤光罩，当使用滤光罩的时候，只有在夜视仪下，才能看到闪光。

MS 2000 频闪求生信号灯

海水染色剂

军用飞机如果被指派去附近有水的地方执行任务，或者去执行水上任务时，都会配备一个装有海水染色剂的救生箱。如果求生者处在水上求生的困境中，可以在白天使用海水染色剂来标识自己的位置。除非在波涛汹涌的海洋中，否则染色区域在三个小时之内都会非常明显，所以只能在友好区域使用。染色剂还可用于雪地，用它将求救代码字母染色也非常有效。

代码或信号

摩斯电码是一种时通时断的信号代码，通过不同的排列顺序来表达不同的英文字母、数字和标点符号。在摩斯电码中，SOS 是国际通用海难求救信号，这三个字母组合没有任何实际意义，只是因为它的电码"…—…"（三点、三划、三点）在电报中是发报方最容易发出，接报方最容易辨识的电码。求生者可以用灯光或旗帜发送 SOS 信号，光线发射方法为：短光—长光—短光。使用旗语时，将旗帜放在身体左侧代表破折号，放在身体右侧代表点。如果飞机离自己很近，飞行员能够清晰地看到，那么可以使用身体的运动或姿势来传达信息。

天然材料

如果没有其他方法，也可以利用天然材料组成可以从空中看见的符号或信息。可以堆一些能够投射阴影的土堆，或者可以利用任何类型的灌木、树叶、岩石或者雪块等。

在积雪覆盖的地区，可以使劲踩踏雪，踩出一些字母或符号之后，将一些可形成对比的材料，如树枝等，放入字母或符号中；在沙地，用砂石、植物或者海草组成图案；在灌木丛生的地区，按照想要的图案将灌木砍掉，或者将地面烧焦；在苔原地区，挖掘沟渠或者将草皮翻过来。不管在什么地区，都要用有对比的材料来布置符号，这样才能让飞机上的机组人员看到。

使用石块布置求救符号

敌区活动和野外交火

　　在野外非交战区，士兵只需要努力对抗恶劣的自然环境，让自己成功生存下来。一旦士兵落入敌区，就必须同时面对大自然的伤害和敌军的攻击。如何在敌区秘密行动并适时进行反击，是每名在野外作战的士兵都要掌握的技巧。

8.1 │ 敌区活动

8.1.1 │ 敌区伪装技巧

理论上，自然界中任何实物目标及其所产生的现象都会有一定的特征，并与其所处的背景有差异。目标与背景之间的任何差异，如外貌形状差异，或在声、光、电、磁、热、力学等物理特性方面的差异，都可直接由人的感官或借助一些技术手段加以区别，这就是目标可以被探测到的基本依据。随着现代科学技术的发展，使军事侦察与监视的技术水平和能力有了极大提高。

在现代战场上，人员的活动不仅容易被光学侦察发现，而且极易被敌人的雷达侦察和红外侦察发现。例如，美军装备的 AN/TPS-33 地面活动目标侦察雷达，对卧姿的人员能在 3000 米内发现，而对行走的人员可在 6500 米处发现，对奔跑的步兵班远在 14 千米处就能发现。美军装备的 AN/TAS-6 微光夜视仪的侦察距离也可达到 3000 米。因此，士兵在敌区活动时被发现的概率相当大。

美军装备的地面活动目标侦察雷达

正在使用 AN/TAS-6 微光夜视仪的美军士兵

为了避免被敌人击杀或俘虏，士兵在敌区的所有行动都必须尽量隐蔽，而隐蔽的基本前提就是伪装。所谓伪装，就是与敌方人员的大脑和眼睛较量的过程。学习伪装，必须先了解大脑和眼睛的协作方式。人们总是忽略大脑在观察中所起的作用，事实上在观察和捕捉目标前，大脑会不自主地预期寻找一个轮廓明显的目标。目标与四周环境的反差越大，就越容易被发现。相反，假如目标与背景环境相似，那么人的眼睛就会在大脑的指挥下忽略该目标。

识别目标时，大脑主要通过目标的外形轮廓来辨别。在生活中，许多人都有这样的体验：白或黑的物体最容易被辨别，由于白和黑与纷繁复杂的背景反差明显，这两种颜色可以使物体的轮廓外沿显得更为明显。除了模糊目标的外沿，通过颜色的深浅对比，也可以改变大脑对物体轮廓的判定。迷彩作战服的伪装原理，就是利用深浅不一的色块干扰观察者，弱化人体的外部轮廓。要想取得理想的伪装效果，迷彩作战服的颜色、图案与曲线，都要接近所隐蔽的环境。根据作战环境的不同，有丛林、沙漠、沼泽、雪地等不同花色的迷彩作战服可供选择。士兵在敌区活动时，要尽量穿戴与环境相匹配的迷彩作战服。

不同样式的迷彩作战服

　　如果没有制式的伪装服，士兵可用泥土、石灰、煤灰等材料加上黏合剂，涂抹在军服、麻片、帆布等上制成与环境相应的伪装衣，或者根据背景颜色把网状织物编扎上布条、杂草、树枝等制成伪装衣。此外，还可使用小树枝、杂草、布条等制作伪装带，使其缠绕上身和头部，以改变身体的外形，降低显著性。如果戴有钢盔，可以给它涂刷上不规则的斑点图案，或者用暗色粗织物、小布袋、网套做的盔罩套在钢盔上，并插上树枝、草叶等伪装材料。

善于利用自然物进行伪装的狙击手

　　野外环境复杂，单纯依靠迷彩服的伪装效果还不够。除了穿着迷彩服，士兵还要对面部及其他裸露的皮肤进行伪装，最好的办法就是使用伪装油彩。面部的伪装，同样是与敌人的眼睛和大脑较量的过程。当人们看到黑色的物体时，就会产生一种该物体离自己较远的错觉，相反，白色物体会让人感到间隔自己较近。涂抹伪装油彩要做的就是通过黑白的对比来颠倒人脸的高低位置，从而迷惑敌人。

　　人的面部，眼睛、鼻子周边，下巴与嘴唇之间，耳孔等部位都是凹陷的，这些部位要涂抹白色伪装油彩。而在鼻子、额头、颧骨、下巴尖等凸起部位，则要涂抹黑色伪装油彩。在涂抹的过程中，一定要遵循先上白色、后上黑色的顺序。此外，新手还容易犯一个错误，就是涂得过于对称。要知道，自然环境的景象是不对称、没有规律的，因此要留意用伪装油彩打破脸部的对称。

正在涂抹伪装油彩的美军士兵

　　士兵随时携带的武器装备，也需要进行合理的伪装。对于枪械，可用暗色宽布条缠绕，或缠上捆有草束的伪装带。这种做法主要有以下几个好处：可以防止枪械的金属部件和木质部件涂漆产生反光；可以避免枪械与周围硬物发生磕碰而产生声响；可以降低枪身的红外特征。除了枪械，其他能反射阳光的金属物体也要遮盖或涂上伪装色。

8.1.2 ｜ 敌区秘密行动

　　士兵在敌区行进时，应选择隐蔽的路线，而且最好是利用夜暗、浓雾行动。在树林中行动时，要距林缘10米以上，以免被敌人透过林木间隙发现。通过林间空地最好是绕行或匍匐通过。走出树林前应先仔细观察，确认不会暴露再行动。在通过透空的岗顶时应沿斜坡绕行，如必须从岗顶通过，则应采用低姿匍匐前进的方式。

美军士兵在树林中行进

　　敌前变换位置时，要么以突然、短促而迅速的动作跃进，跃进后立即卧倒并向一旁移动数米，使敌人难以确定自己的位置；要么选择隐蔽的地段匍匐前进，必要时还可采用缓慢、不易被敌人察觉的动作进行移动。

　　夜间行动时，要仔细地固定好装具；行走时脚要高抬轻放，并尽量沿松软的地面行动，必要时可在鞋上缠上布条，以减少声响。夜间遇到敌人照明时，应立即卧倒，面部朝下。此外，夜间行动还不能发出亮光。吸烟是绝对禁止的，特别在靠近敌人时。看地图必须照明时，应在手电筒上包裹暗色布，并尽量在遮蔽的位置上。

　　行动时要尽量注意消除痕迹，必要时可伪造痕迹来迷惑欺骗敌人。在宿营或监视活动之后，要确保收集起所有包裹内的物品，甚至是人体的代谢物。任何可以表明有人类存在的遗留物，都有可能让敌人发现行踪。

　　士兵在行动时还要保持高度警惕，随时注意观察和倾听周围的情况，争取先敌发现，力避被动。一般要避开那些会有人经过的大路、桥梁和小径等通常路线，尽量沿路边低矮茂密的灌木丛而行，可以保持隐蔽，同时也会更为容易地找到行军方向。在士兵离开一个隐蔽之处时，他应该清楚地知道他将行至何处，到达目的地所需时间，一旦被发现将向何方撤退。

美军士兵在深草丛中行进

　　在行动过程中，士兵要学会利用地形进行伪装。善于伪装的士兵，能够与周围环境融为一体，让敌人难觅踪影。利用地形伪装有两个方面，一是利用地形的遮蔽能力。在战场上，高低起伏的地貌和凸出地面的物体，都能造成不同范围的观测盲区。在山岳丛林地，草深林密，山岭起伏，沟谷纵横，是单兵隐蔽及活动的天然遮障。如能充分加以利用，敌人很难发现目标。二是利用有利的自然背景降低目标的显著性，使自己处在与服装颜色相似的背景中，或者利用阴影和暗色的自然斑点，尽量避免使自己的身体形状投在明亮单调的背景上，都能降低暴露的可能性，使敌人难以辨别发现。

　　士兵要融入自然环境，就要对当时当地的色彩、条纹、树枝形态、植被密度和景深有所了解。在转移阵地时要养成根据周边景物的变化，随时调整自己伪装的习惯。例如，在树林中隐蔽时，最好给作战服插上树枝树叶。而转移到草地时，要及时丢弃树枝，换成草堆伪装。当然，士兵毕竟不是变色龙，不可能在行进过程中随时随地根据环境变换伪装。但无论如何，都要牢记一条基本原则：在战场条件无法满足成功伪装的要求时，尽量使用深色进行伪装。因为人眼对深色物体的敏感度，要远低于浅色物体。

　　在野外作战时，牢记不要站在浅色的岩石上，它可以将人的轮廓清楚地映衬出来。同时，当敌人准备向你射击时，浅色的岩石又会使步枪的黑色缺口、准星看起来很清楚，便于瞄准。另外，在山地行进时，背景色的原理同样有效。一名训练有素的士兵，不得不沿山脊行进时，他一定会想办法让自己的身影低于山脊。对于隐藏在山下的敌人来说，天空是最佳的背景，他可以清清楚楚地发现和瞄准山脊上的人。

在山脊行走的士兵极易被山下的敌人发现

8.1.3 | 通过地雷区域

在野外作战时,地雷是敌我双方都会大量使用的一种武器。它是一种便于制造、廉价高效的武器,可以方便地布置在很大的范围内,以阻止敌人前进。地雷通常成群排布,称为地雷阵,目的在于防止或迫使敌人穿越特定地区。另外也可用地雷拖住敌人,直到增援部队到来。

地雷主要分为防步兵地雷和防坦克地雷两大类。士兵在敌区活动时,最需要注意的就是防步兵地雷。这种地雷有三种,即爆炸式、跳跃式和碎片式。爆炸式地雷比较常见,通常埋于地下几厘米深,由人踏在压盘上触发,需要5～16千克的压力。爆炸式地雷能够将人的脚或腿炸成碎片,引起二次伤害,如感染和截肢;跳跃式地雷在埋设时通常将一小部分导火索伸出地面,由压力或引线触发。一旦被触发,导火索点燃发射装置,将地雷推起离地约1米高。地雷随即点燃主装药,对人的头部和胸部造成伤害;碎片式地雷朝各个方向释放碎片,也可只朝一个方向释放碎片(定向破片地雷)。这种地雷可以对远达60米之外的人造成伤害,可以杀死近距离的敌人。地雷中使用的碎片为金属或玻璃。

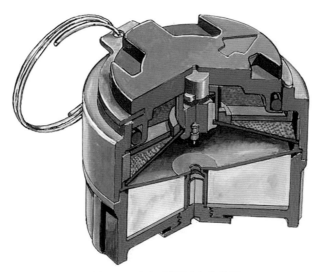

美国M14防步兵地雷内部构造图

如果不慎进入敌人布设的地雷区，士兵必须充分利用自己掌握的地雷知识和排雷技巧，为自己和友军扫除障碍。排雷的前提是探雷，而探雷是一个讲究方法、技巧的活动，因为确定地雷位置时有很大危险。倘若没有探地雷达和金属探测器等较为先进的探雷设备，士兵就只能利用传统的探雷技术。探雷时，首先要侦察附近有没有潜伏的敌人。如果有敌人的巡逻兵，需要观察巡逻兵的行进路线是不是在刻意避开某些区域。此外，还要留意土壤的色泽是否有不协调的地方，地面是否有裂纹，以及附近是否有埋设地雷的工具等。在疑似埋有地雷的地点，士兵可用棍子或刺刀轻轻戳探地面进行确认。

在探明地雷位置后，就要着手进行排雷工作。排雷的主要手段是机械排雷和炸药排雷，但在敌区活动的士兵并不具备这些条件，所以只能选择人工排雷。除了拆除引信，也可以使用炸药直接诱爆，或使用专用试剂固化地雷和周围土壤，使其不会被触发。如果没有排雷工具，也可以放弃排雷，只要做好标记，防止友军触雷即可。

美军士兵正在学习人工探雷和排雷

为了延缓敌人的搜捕行动，士兵也需要学会布雷。人工布设地雷的方法比较简单，但也有操作规范，并非挖坑埋土即可。首先，坑的深度要按照地雷的厚度来定,太深可能会在后期掩埋的时候爆炸(因为地雷上的泥土太重),太浅可能会因雨水冲刷或是风吹使其暴露在地表。

其次,坑底的泥土一定要夯实,尤其是反坦克地雷,以免目标碾过地雷时非但没有触发引信,反而将地雷轧入地下。坑挖好后,要把地雷平放进去,此时的地雷通常没有安装引信,需要先拆下保险栓,然后将拔掉保险针的引信装入,再按回保险栓。此时,先不要着急转动保险栓的开关,使其处于战斗状态。要先将一部分泥土盖在地雷上,再转动保险栓开关,以免在掩埋时一不小心触发了地雷。

最后,将地雷伪装好,如果地雷体积很小,为了增加踩踏面积,可在上面盖上一块薄木板,注意不要留下埋雷的痕迹。

正在布雷的乌克兰士兵

8.2 野外交火

8.2.1 枪械射击

枪械是步兵的主要武器,也是其他兵种的辅助武器。当士兵在敌区活动时被敌人发现行踪，或者执行需要与敌人交火的特定任务时，枪械将是你的最大倚仗，尤其是突击步枪和冲锋枪这两种最常用的单兵武器。

🔫 枪械原理

突击步枪能实现自动发射，是基于以下原理：扣动扳机后，击锤打击击针，击针撞击子弹底火，点燃发射药，产生火药气体，推动弹头沿膛线向前运动，弹头经过导气孔时，部分火药气体通过导气孔源入导气箍，冲击活塞，推动推杆，使枪机向后，压缩复进簧，完成开锁、抛壳，并使击锤呈待发状态；枪机退到后方时，由于复进簧的伸张，使枪机向前运动，推动下一发子弹入膛，闭锁。此时，由于击锤已被击发阻铁卡住，不能向前打击击针。若再次发射，必须先松动扳机，然后再扣动扳机。

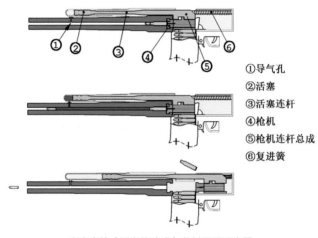

①导气孔
②活塞
③活塞连杆
④枪机
⑤枪机连杆总成
⑥复进簧

突击步枪（活塞传动式）发射原理示意图

冲锋枪如果进行单发射击，其自动原理与突击步枪基本相同。如果进行连发射击，先将保险机定在连发位置。射击时，只要不松开扳机，击发阻铁就无法卡住击锤，击锤可反复打击击针，实现连发。

士兵想要熟练掌握枪械射击技能，就必须对枪械的自动原理和相关概念有所了解。其中，最重要的概念就是后坐、直射和弹道。后坐是指发射时枪械向后运动的现象。发射药燃烧时，产生的气体同时向各个方向挤压。挤压膛壁的压力被膛壁所阻，向前的压力推动子弹前进，向后的压力抵压弹壳底部枪机，使枪向后运动，从而形成后坐。后坐对于单发射击影响较小，但对于连发，因第一发子弹射击后产生的后坐力使枪发生移动，改变了瞄准线，所以影响较大。因此，在连发射击时，士兵必须掌握一定的连发射击规律和据枪要领，只有这样才能提高命中精度。

直射是指瞄准线上的弹道高在整个表尺距离内不超过目标高的发射。这段射击距离叫直射距离。直射距离的大小是根据目标的高低与弹道的低伸程度决定的。目标越高，弹道越低伸，直射距离就越大；目标越低，弹道越弯曲，直射距离就越短。通常情况下，突击步枪和冲锋枪对人头目标的直射距离为 200 米，对人胸目标为 300 米，对半身目标为 400 米。在射击过程中，对在直射距离内的目标可以不变更表尺分划，瞄准目标下沿射击，以增大射速，提高射击效果。

弹道是指弹头脱离枪口在空气中飞行的路线。弹头在飞行中，一面受地心引力的作用，逐渐下降；一面受空气阻力的作用，越飞越慢。这两种力的作用，使弹头的飞行路线形成一条不均等的弧线，升弧较长较直，降弧较短较弯。

与弹道相关的概念还有危险界、遮蔽界和死角。危险界是指弹道高没有超过目标高的一段距离。目标暴露得越高，地形越平坦，弹道越低伸，危险界就越大，目标就越容易被杀伤。目标暴露得越低，地形越复杂，弹道越弯曲，危险界就越小，目标就不易被杀伤；遮蔽界是指从弹头不能射穿的遮蔽物顶端到弹着点的一段距离。死角是指目标在遮蔽界内不会被杀伤的一段距离。遮蔽物越高，目标越低，死角就越大。反之，死角越小。危险界、遮蔽界和死角有很大实用意义，是士兵在作战时隐蔽自己和选择有利射击位置必须考虑的因素。

美国 M16 突击步枪

俄罗斯 AK-74 突击步枪

德国 HK MP5 冲锋枪

射击姿势

正确的射击姿势是准确击杀敌人的先决条件。士兵熟悉多种射击姿势，必要情况下进行调整，更有利于确保射击的稳定性。基本射击姿势有以下几种。

站姿射击

站姿射击也被称为无依托站姿势射击，其稳定性最差，但恢复速度最快。如果采取站姿射击，应当尽量估计并缩小身体晃动对射击的影响。大多数情况下，运动期间遭遇敌人之时，宜采取站姿射击。站姿射击通常用于自卫，期间注意呼吸和射击的适应很重要。另外，站姿射击受风的影响也比其他姿势大。

采用站姿射击的美军士兵

卧姿射击

卧姿射击可以分为两种形式，一种是双腿直伸式，另一种为左腿直伸右腿屈曲式。双腿直伸式的身体与射面的夹角比较大，两脚外旋脚尖向下，总重心位置在支撑面内稍左。这种姿势的优点是身体俯卧的面积大，头部贴腮自然，左臂负担量相对较轻，适于使用标准步枪而身材又比较匀称的士兵。但这种姿势也存在着缺点，因为躯干以下全部俯卧，增大了腹部受压力量，对腹式呼吸的士兵，呼吸有所不便，持久性和一致性较差。

用左腿直伸右腿屈曲式时，躯干与射向投影夹角小，左腿随躯干自然伸展，脚直立或自由倾斜，右腿随膝关节自然屈曲，身体重量偏左，总重心位置在支撑面左侧。这种姿势的主要优点是右腿自然屈曲后身体重心左移，右侧腹部着地面积小，整个姿势的力量易于集中，姿势的紧张度减小，动作自然，利于维持姿势的稳定和持久。对于身体比较高大壮实的士兵，采取这种姿势更为适宜。左腿直伸右腿屈曲式的缺点在于：枪与身体大部分重量偏左，增大了左臂负担量，对于身体矮小臂力不强的士兵，有负重较大之感。

实践证明，左腿直伸右腿屈曲式卧姿，已被世界各国士兵普遍采用。在所有射击方式中，卧姿射击最容易学会和掌握，且重心的位置低，稳定性非常好。同其他姿势相比，卧姿射击还更不容易被敌人发现。

采用卧姿射击的英军士兵

跪姿射击

跪姿射击时，士兵的右腿跪在地面或沙袋上，脊柱呈前弓形状，身体重心落在地面或沙袋附近。在采用这种姿势的时候，要靠左小腿承担部分步枪的重量，左肘无法紧靠身躯，且没有固定的支撑，因此应当确保人和枪的密切配合。跪姿射击的要求包括：跪得稳、人与枪结合的力量集中、上身下塌、腰部放松。

坐姿射击

坐姿射击的方式可以分为好几种，但主要的两种方式是双腿叉开和双腿交叉的射击姿势。在这两种射击姿势中，士兵都需要将两肘支撑在双膝上，从而确保射击时的稳定性。坐姿射击在稳定性方面仅次于卧姿射击，可以使士兵获得更良好的视野，当然也给敌人提供了更大的靶子。

加拿大士兵采用坐姿射击

总的来说，在各种射击姿势中，卧姿射击可以获得几乎完美的稳定性，但由于地形的影响，稳定性往往会受到干扰。同样，跪姿和坐姿射击受地形的影响稍小，却更容易被敌人发现，遭受报复性火力的攻击。

👉 瞄准和击发

瞄准

瞄准就是右眼通视缺口和准星，使准星尖位于缺口中央并与上沿平齐，指向瞄准点。瞄准动作正确与否，对射击的准确性影响极大。例如，突击步枪的准星尖偏差1毫米，在100米距离上弹着点的偏差量可达21厘米。因此，瞄准时，应把主要精力集中于准星与缺口的平正关系上。正确的瞄准应是准星与缺口的平正关系看得清楚，而目标看得较模糊。如果集中主要精力于准星与目标上，往往会忽略准星与缺口的平正关系，从而产生较大的偏差。

瞄准时，首先使瞄准线自然指向目标。若未指向目标，不可迁就而强扭枪身，必须调整姿势。需要修正方向时，卧姿可左右移动身体或两肘，跪姿、站姿可左右移动膝或腿部。需要修正高低时，可前后移动整个身体或两肘里合、外张，也可适当移动左手的托枪位置。

击发

右手食指第一关节均匀地向后扣压扳机（食指内侧和枪应有不大的空隙），其他手指力量不变。当瞄准线接近瞄准点时，开始预压扳机，并减缓呼吸。当瞄准线指向瞄准点时，应停止呼吸，继续增加扳机的压力，直至击发。击发瞬间应保持正确一致的瞄准。若瞄准线偏离瞄准点或不能继续停止呼吸时，应既不增加也不放松对扳机的压力，待修正或换气后，再继续扣压扳机。直至枪响，完成射击。

正在开火的美军士兵

8.2.2 | 手榴弹投掷

手榴弹是一种能攻能防的小型手投弹药，也是士兵在野外作战时除了枪械之外最常用的武器。手榴弹具有容易训练、携带方便、使用简单、威力较大的特点。由于各国军队使用的手榴弹在外形、重量和爆炸威力等方面都存在差异，加上战术技术方面的不同，所以手榴弹的投掷方法也各不相同。不过，各国军队的手榴弹投掷方法仍有一定的共同点。

美国 M67 型手榴弹

正确投掷手榴弹的前提是正确握持手榴弹，手榴弹握持不当将难以投远投准，甚至会脱手危及自身安全。一般来说，习惯右手握持的士兵应正握手榴弹，弹底朝下，掌心远离拉环，以便投弹前左手食指或中指能够方便地拉出拉环。而习惯左手握持的士兵握持方法恰好相反，握持时弹底朝上。

美军对于手榴弹的投掷方式要求较为宽松，基本要求是要保持身体正对或者侧对敌方，过肩将手榴弹掷出，核心要求是将手榴弹投得又远又准。同时，提出了标准的投掷程序：一是观察目标并估测距离，要求此过程要减少暴露的时间；二是去掉保险夹，将手榴弹握于投掷手中；三是用非投掷手的食指或中指拉住拉环，去除保险销；四是注视目标，过肩将手榴弹抛出，使手榴弹落于目标附近。手榴弹抛出后，保持手臂的自然前伸，可增加投掷距离和准确性，并减轻手臂的疼痛感。

手榴弹的投掷姿势分为站姿、跪姿和卧姿。美军认为站姿是最理想的自然投掷姿势，可将手榴弹投掷得更远。在城市作战中，通常采用这种姿势。

站姿投掷时，采取自然姿态站立，保持身体重心。将手榴弹过肩举起，非投掷一侧手臂向斜上方 45 度伸出，手指张开，指向目标；手榴弹投出后，快速掩蔽以防破片和敌军火力杀伤。如果找不到掩体，迅速采取卧姿，使头盔朝着手榴弹爆炸的方向。

跪姿通常在矮墙、低坑道后作战时采用，投掷距离会缩短。投掷时将手榴弹过肩举起，投掷一侧腿伸直，并保持稳定，非投掷一侧膝盖以 90 度曲跪于地面。同时，非投掷一侧手臂向前屈伸 45 度，指向目标，采取自然动作投出手榴弹，投掷一侧脚离地，顺着投掷方向前移，以增大投掷力量。投掷后采取卧姿迅速掩蔽，减少暴露面积，避免破片和敌方火力杀伤。

卧姿会大大减小投掷距离和准确性，只有在受到敌火力压制，不能抬高体位时使用。卧姿投掷时，首先仰卧，保持身体与手榴弹的飞行轨迹平行，将手榴弹置于胸口，去除保险销。将投掷一侧的腿竖起约 45 度，两膝夹紧，脚牢固支撑地面。将手榴弹置于耳后 102 ~ 152 毫米处，竖起手臂准备投掷。用另一只手抓住身边固定物体作为支撑，以增大投掷距离。在投掷过程中，后脚蹬地以增加投掷力量，投掷时切勿将头或身体露出，以免将身体暴露于敌人的火力之下，投掷后翻身俯卧地面。

美军士兵采用站姿投掷手榴弹

美军士兵采用卧姿投掷手榴弹

8.2.3 利用掩体

在野外战场上，士兵暴露自身是极其危险的，特别是暴露在敌人的目视范围内，将招致敌人毁灭性的火力打击。因此，士兵必须尽可能地寻找天然掩体或构筑人工掩体。

掩体是供士兵实施射击和隐蔽的露天工事，其作用是降低敌方火力对人员及装备的杀伤力，提高己方人员及装备的战斗效能。在构筑掩体时，必须坚持小、坚、低、隐蔽、疏散，能防空、防火、防炮、防雨，便于射击、便于观察、便于出击、便于指挥与通信联络的原则。

在战场环境中，士兵应该尽可能在有掩蔽物的条件下运动，充分利用一切有助于隐蔽和抵御敌方火力的自然环境和障碍物，任何直接暴露在敌方火力下的举动都是极其危险的。战场掩体物的选择，应该尽量坚固有效，保护自身免受枪弹、破片的伤害。诸如树木、木桩、洞穴、石头、墙体、沟壑、战壕等，即使是一个小坑或土地隆起，都能给自身提供一定的防护。

在进攻或移动时，士兵必须观察和判断敌人的位置或大致方位，然后选择自己和敌军之间存在有掩体物的路线，如沟壑、林地、墙体、斜坡等敌人不易发现、不易进攻的地域，并且行进间要随时做好抵近猛烈射击的准备。

8.2.4 | 匕首格斗

在弹药耗尽或者秘密行动时，士兵可以使用匕首、刺刀等冷兵器进行白刃战。匕首短小锋利，携带方便，是近距离搏斗的有效武器。

匕首的握持姿势分为以下四种：刀刃向下，反握刀把的"冰锥式"；刀刃向上，正握刀把的"铁锤式"；与铁锤式相似，但是用拇指和食指轻轻抵住护手的"军刀式"；还有掌心向后，将刀刃藏在手腕后面的"隐藏式"。

影视剧中常见的主动伸长胳膊用匕首去划击的姿势其实是非常危险的，因为这样很容易被敌人夺走匕首。正确的姿势应该是右臂下垂，置于右腿外侧，左手用于防守或挡击。这样可以为右手制造刺杀与砍杀的机会。双膝自然弯曲，以便保持身体平衡。

匕首的主要攻击部位一般集中于：咽喉、腹部、心脏、手腕、小臂与大腿。而在潜入作战时，士兵大多会选择用匕首攻击敌人的咽喉，通常先用手捂住敌人口鼻，防止其发出声音，然后用匕首割向敌人的颈部动脉。

匕首的刺击也是有技术讲究的，只有将匕首的刀身水平横向刺击才能够有效地刺穿敌人的身体，真正伤害到敌人的内脏，否则刀身往往会被敌人的身体骨骼所阻挡，而无法达到一击毙命的效果。

当然，正面与持有武器的敌人进行战斗时，匕首往往会处于劣势。这种情况下应该随机应变，例如，使用沙土扬向敌人等。总之，匕首是近战格斗中的利器，士兵在使用时必须灵活利用四周环境。

正在练习匕首格斗的韩国陆军士兵

8.2.5 │ 摸哨

士兵在敌区活动时，最容易遭遇的就是敌军的哨兵。一旦被巡逻或者站岗的敌方哨兵发现，士兵就要面对大批敌人的追捕。因此，"摸哨"是士兵必须掌握的野战技巧。所谓摸哨，就是以隐蔽方式消灭敌方哨兵，使自己免于暴露。在实战中，摸哨分为徒手法与持械法两种。其中，持械法就是借助武器进行有效攻击的方法，主要有以下六种。

掰盔制敌法

当从背后接近敌人时，突然用右手抓住敌人钢盔的前帽檐，同时用左手抵住敌人后颈。然后右手用力向上、向后拽，左手臂则猛向前推，利用其钢盔风带将其绞杀。如果敌人钢盔没有风带，可迅速夺过钢盔并重击其头顶，将其击昏或击毙。

勒脖制敌法

当从背后悄悄接近敌人时，可将手中的铁丝（电线、绳索）拉开，然后将左小臂置于敌人颈后，而右手则在敌人头部上方转动，把绳子从右向左将敌人咽喉部位勒住，然后两手可猛力向相反的方向用力拉动，使敌人在几秒内昏迷或死亡。

刺刀柄制敌法

当从背后接近敌人时，可用刺刀柄作为钝器去敲砸敌人后脑勺部位，将其击昏或击倒在地。接近敌人时要突然、隐蔽，攻击要快、狠，令敌人防不胜防。

石块制敌法

在无任何武器的条件下从背后接近敌人时，可用任意一种物件做武器，如挖战壕用的工具或石头、木棒等，并用这些东西去猛烈攻击敌人头部要害处，使敌人迅速毙命。

枪托制敌法

持枪从背后接近敌人时，先用枪托重击敌人头部或敌人两肩胛骨之间的脊柱，使敌人在无声音的状态下迅速昏迷或死亡。接近敌人时要隐蔽、突然、迅速，攻击头部或者后心时连贯有力，从而制敌于瞬间。

刺刀制敌法

从前面接近敌人时，可用步枪上的枪刺猛刺敌人心脏处或肾部，使敌人来不及呼叫便立即毙命。接近敌人时要突然，刺刀攻击要准确、迅速，一击必杀。

正在放哨的俄罗斯士兵

使用刺刀对敌的英军士兵

参 考 文 献

[1] 许俊霞. 图解野外生存指南 [M]. 北京：中国华侨出版社，2017.

[2] 时杰. 野外生存与自救 [M]. 北京：化学工业出版社，2016.

[3] 猎鹰. 特种兵教你户外生存 [M]. 北京：中国友谊出版公司，2016.

[4] 贝尔·格里尔斯. 贝尔写给你的荒野求生少年生存百科 [M]. 北京：接力出版社，2015.

[5] 瀚鼎文化工作室. 野外求生技巧 [M]. 北京：中航出版传媒有限责任公司，2014.

[6] 韩佳媛. 美军野外生存手册 [M]. 北京：中国华侨出版社，2014.

[7] 王子鱼. 野外求生 [M]. 北京：机械工业出版社，2012.

[8] 乔梁. 定向运动与野外生存训练 [M]. 北京：中国铁道出版社，2009.